老子新譯及心靈藥方

林安梧

甲午之夏

人法地，地法天，天法道，道法自然

甲午之夏六月六日

林安梧書

老子道德經新譯暨心靈藥方

林安梧

目次

代序

傾聽經典的聲音

林安梧

近二十餘年講習儒、道、佛經典，有一大感觸。每回講來，總覺不是我在「講」，而是我在「聽」。我在「傾聽」經典，因為傾聽經典，而使得這傾聽開啟了講，此之謂「開講」。開講不是我在開講，而是經典在開講，我反而是在傾聽。

傾聽《論語》、《孟子》，一念警惻，體貼得儒家的「自覺」。在此「自覺」中，人進到世界中，擔起來，說「我，就在這裡」。

傾聽《老子》、《莊子》，致虛守靜，體貼得道家的「自然」，在此「自然」中，人在天地間，看開了，說「我，歸返天地」。

傾聽《金剛經》、《六祖壇經》，萬塵俱落，體貼得佛教的「自在」，在此「自在」中，人在宙宇間，放下了，說「我，當下空無」。

有傾聽、有交談，有融會、有溝通，新的話語就在耳際重新響起——

佛陀說「我，當下空無」。正因這「無我」的「自在」，讓「我，歸返天地」，就這歸返天地，我醒覺到「我，就在這裡」。

老子說「我，歸返天地」。由於這「無為」的「自然」，「我，就在這裡」承擔挑起，就這承擔挑起，我猛然覺悟還得放下，回到「我，當下空無」。

孔子說「我，就在這裡」。只因這「承擔」的「自覺」更須「生而不有、為而不恃、長而不宰」（使其生長，卻不占有，任其作為，卻不依恃，由其生長，卻不宰制），如此，「我，歸返天地」，既歸返了天地，進而「我，當下空無」。

孔子說「我挑起」為的是蒼生，回到天地，「看開」一切，終而能「放下」。
老子說「我看開」所以能放下，面對蒼生，「放下」執著，這才能「挑起」。
佛陀說「我放下」更而能挑起，如如無礙，「挑起」志業，把世界「看開」。
「放下」、「挑起」、「看開」、「放下」、「挑起」、「看開」，環環相續、永不停歇！

是儒—道—佛，也是佛—儒—道，也是道—佛—儒，是「日」、是「月」、是「星辰」，是「山」、是「河」、是「大地」，是「心」、是「佛」、是「眾生」，有等分、有差別，卻又還歸於虛空同體。

佛家由「無緣大慈，同體大悲」說起，這是由「般若智」破解一切執著，因之而能同體大悲的發起願力，去渡濟天下蒼生。

儒家由「人倫孝悌，仁智雙彰」起論，這是由「孝悌行」長養一切道德，因之而能親親仁民、仁民愛物，大道之行也，天下為公。

道家由「無為順成，道法自然」歸源，這是由「本真性」任化天地萬物，因其能「致虛極、守靜篤」，因而「萬物並作」、「歸根復命」。

在華人文化傳統裡，儒道佛早已通而為一，作為華人文化心靈的共同土壤。這本《老子道德經新譯暨心靈藥方》就是在「傾聽」中「開顯」為「言說」的，但願它能給我們的讀者帶來更多的「傾聽」與「開顯」。

又本書還邀請了青年攝影藝術家林鑾，為其配圖，在這些城市組圖中，有著對城市的深層傾聽，而來自生命內在深層的呼喚！

甲午之夏　六月，臺灣花蓮太平洋之濱　元亨居

老子道德經第一章

道可道，非常道；名可名，非常名。無名，天地之始。有名，萬物之母。故常無欲以觀其妙。常有欲以觀其徼。此兩者同出而異名，同謂之玄。玄之又玄，眾妙之門。

白話譯文

「道」是可以說的，但說出來了，就不是那恆常的「道」。
「名」是可以表白的，但表白出來了，就不是那恆常的「名」。
在還沒有表白前，那個無分別的狀態是天地的本源；
既有了表白，這個分別了的狀態，是萬物生長的母親。
回到恆常而無分別的狀態，便可以觀看到道體的奧妙。
經由恆常而現出分別的跡向，便可以觀看到道體的表現。
無分別的狀態、有分別的跡向，兩者都出於恆常的道體；
但在表白上，名稱卻是不同的。
就這樣的不同而又同，我們說它叫做「玄同」。
「玄同」是說在生命的玄遠之源是相通的，這便是「道」；
「道」是萬有一切所依歸及開啟的奧秘之門啊！

藥方

1. 遇到了事情，要有沉默而冷靜的思考，不必急於表白，只要問心無愧也就可以了。
2. 人間事物，原只是自自然然的生長，不必在乎，但也不是不在乎，要懂得自在、自然。
3. 「道」的門是為沉默而生長的，喧嘩的人們就讓他們喧嘩吧！
4. 不是不去管他，而是要沉靜的去管他，管他就要先自在。

現代規範
秩序是樹與車有了不自由的妥協

老子道德經第二章

天下皆知美之為美，斯惡已。
皆知善之為善，斯不善已。
故有無相生，難易相成，長短相形，高下相傾，音聲相和，前後相隨；
是以聖人處無為之事，行不言之教，萬物作焉而不辭；
生而不有，為而不恃，功成而弗居；
夫唯弗居，是以不去。

白話譯文

天下人都執著什麼是「美」，這樣就不美了。
天下人都執著什麼是「善」，這樣就不善了。
「有」和「無」兩者相伴而生；
「難」和「易」兩者相伴構成；
「長」和「短」兩者相待而現；
「高」和「下」兩者相待依倚；
「音」和「聲」兩者互為和合，
「前」和「後」兩者互為隨從，
貫通天、地、人的聖人了然於心，
能用「無為」來處事，
用「無言」來行教，
萬物就這樣不離開生命之源的道而生長著。
「道」生育了它，但不占有它；
「道」長養了它，但不依恃它；
成了功，卻不居功；就因不居功，所以永遠不離。

藥方

1. 執著是一切弊病之源，不要執著，要放下。放下才能自在。
2. 成功是成就它那個功，不是去占有那個功，要有「功在天下」的心情，不要老以為「功在自己」。
3. 「無為」不是不去做，而是做了能「放下」。
4. 不是不去說，而是說了就說了，不用擔心，只要心靈明白就可以了。

101臺北
競逐最高峰，走不出抬槓的棋盤格

老子道德經第三章

不尚賢，使民不爭；不貴難得之貨，使民不為盜；不見可欲，使民心不亂；是以聖人之治，虛其心、實其腹、弱其志、強其骨。常使民無知無欲，使夫智者不敢為也。為無為，則無不治。

白話譯文

不崇尚賢德的名號，使人民不爭鬥；
不尊貴難得的東西，使人民不偷盜；
不現出貪欲，使人民的心不紛亂。
聖人治國，放空了心靈，填飽了肚子，
柔弱了意志，強韌了筋骨，
守著恆常之道，使人民不執著、不貪欲，
使自作聰明的人不敢有所作為，
回到不為什麼目的的作為，
自自然然就能達到無不治的目的。

藥方

1. 不要被表象的名號所迷惑，心要寧靜，不要紛亂。
2. 心情空空、肚子吃飽；不要老說理想，要踏實，尤其要注意身體。
3. 不要自作聰明，不要老為了利害、目的才動作。
4. 不要老想去對治，自自然然才是真正的藥方。

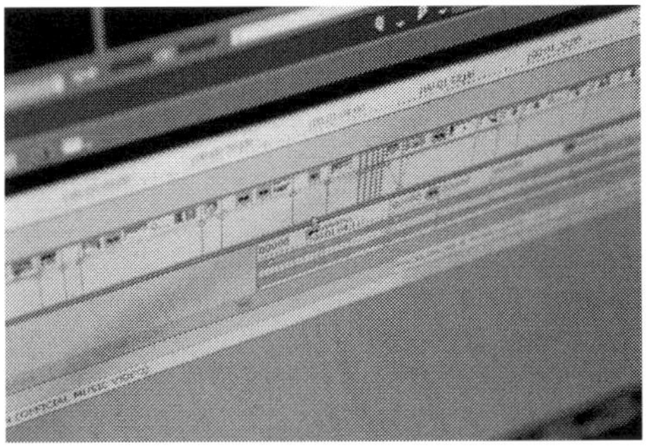

我們
現在，一個線性概念上瞬移的點

老子道德經第四章

道沖而用之，或不盈。淵兮似萬物之宗；挫其銳、解其紛、和其光、同其塵，湛兮似或存。吾不知誰之子，象帝之先。

白話譯文

道是生命之源啊！
空無地去用它，或且永遠填不滿它。
淵深地像是萬物所匯歸的地方。
挫掉了銳利，
解開了紛雜，
柔和了亮光，
和同了塵世，
它深湛難知，卻像是存在你的左右，
我們不要老問「它是誰生的兒子啊！」，
原來在萬象出生之前它就存在了。

藥方

1. 不要填滿所有的空間，才有生長的可能。
2. 言詞不要銳利，頭腦不要紛雜。
3. 不要老求光鮮亮麗，要懂得和著塵世生長。
4. 愛護您的左右，要關心他們，大道原在有形的萬象之先！

都市神話
建構登不了天的巴別塔，然後只是滿足低階的慾望

老子道德經第五章

天地不仁，以萬物為芻狗；
聖人不仁，以百姓為芻狗。
天地之間，其猶橐籥乎！
虛而不屈、動而愈出，
多言數窮，不如守中。

白話譯文

天地不偏私他的仁心，
把萬物視為草編的狗，任其自然；
聖人不偏私他的仁心，
把百姓視作草編的狗，任其自然；
天地之間，它就好像個大風箱一般，
虛空而沒有盡頭，
鼓動它就愈來愈有勁，
話多了衹會招來困窘，
倒不如默默守著中道而行。

藥方

1. 要學習天地般的無私，對事情不要看得太重，要輕鬆些！
2. 事情要有次序、做了一件，就會帶出一件，引不完的！
3. 要放鬆、再用力，愈用會愈有勁！
4. 話多了祇會招來困窘，默默地做出成績來，最重要！

屈伸

曲身，我們是同胞眼中謙卑的風景

老子道德經第六章

谷神不死，是謂玄牝。
玄牝之門，是謂天地根。
綿綿若存，用之不勤。

白話譯文

那川谷之神啊！永生而不死，
這就叫根源的生育之門啊！
那根源的生育之門啊！
這就叫做「天地之根」！
它綿綿密密的好似存在你左右，
用著，用著，永不停歇。

藥方

1. 要虛懷若谷，這樣才能起死回生，謙虛是最好的藥方。
2. 世間事總有個根源，根源就在天地，要注意生活世界的安排。
3. 事情要綿綿密密的，隨時都在思考，自會有答案。
4. 永不停歇，但不用急著種一棵大樹，不是那麼快的。

等車
在樹蔭下等待，夏蟲啾啾，仰望較為刺眼的渺茫

老子道德經第七章

天長地久，天地所以長且久者，
以其不自生，故能長生。
是以聖人後其身而身先，
外其身而身存。
非以其無私耶！
故能成其私。

白話譯文

天地是長久的，天地何以能既長且久呢！

祇因為祂不偏私地生長著，因此能長久地生長！

聖人了然於心，因此把自己放到後面去，這樣好讓人民能擺在前面來，

把自己放在外頭，好讓人民能在裡頭生存！

正因為祂能沒有私心，所以能夠讓每一個人都成就他自己。

藥方

1. 要有天地般的心量，不用忍耐，也能長久！
2. 「讓開」是最重要的藥方！別人生長了，你也生長了！
3. 成就別人，也就是成就你自己！
4. 私心不一定那麼不好，但要提得起，也要放得下！

施工的隱私
文明，是當進行破壞與建設時，先拉起圍網

老子道德經第八章

上善若水，水善利萬物而不爭，處眾人之所惡，故幾於道。

居善地，心善淵、與善仁、言善信、正善治、事善能、動善時。

夫唯不爭，故無尤。

白話譯文

最上等的善就像水一樣，看似柔弱卻是包容，
水的善，利益了萬物，而不與它們爭鬥，
處在眾人所不喜歡的地方，卻因而接近於「道」。
處世要好好學習大地的渾厚，
用心要好好學習深水潭子般的包容，
交往要好好學習人際的真實感通，
說話要好好學習信用的確定，
為政要好好學習治事的穩健，
行事要好好學習才能的運用，
變動要好好學習時機的抉擇，
正因為不去爭鬥，因此不會招來怨尤！

藥方

1. 別人以為你是柔弱，其實這是包容，包容可以免除鬥爭！
2. 事情總有個定準，要抓準它，不要放過，也不用擔心；
3. 治事要穩健，注意時機的抉擇，當斷則斷，不要猶豫！
4. 該做的好好做！做你喜歡的，喜歡你所做的！無怨無悔！

當你仰望雲

強光下的世界是殘虐的競爭，夢想的摩西，在現實的叢林分隔出海峽

老子道德經第九章

持而盈之，不如其已；揣而銳之，不可長保；

金玉滿堂，莫之能守；富貴而驕，自遺其咎。

功成身退，天之道。

白話譯文

老想維持著滿盈，倒不如罷了！
老想錘鍊使銳利，那便不可長保！
金玉滿堂，卻不能自守；
富貴驕慢，將自取其咎；
功成了、名就了，正該是把身退下來的時候，
這是大自然之道啊！

藥方

1. 張揚就要付出代價，不想付出代價，那且先別張揚。
2. 功成了、名就了，要懂得回來看看自己，不要被拉著在外闖蕩！
3. 金玉多了，不只累贅，而且是敗亂的起點。
4. 大自然之道啊！不是用名號堆疊成的，只是如實而已！

文明的快捷
疾駛在鋼鐵叢林，盲目地忘卻自身殘缺

老子道德經第十章

載營魄抱一，能無離乎？
專氣致柔，能嬰兒乎？
滌除玄覽，能無疵乎？
愛國治民，能無為乎？
天門開闔，能為雌乎？
明白四達，能無知乎？
生之蓄之，生而不有，為而不恃，長而不宰，
是謂玄德。

白話譯文

魂魄環抱，和合為一，能夠不離開道嗎？
任使真氣，回到柔和，能夠像嬰兒一般嗎？
滌除污垢，玄妙照見，能夠沒什麼弊病嗎？
愛護人民，治理國事，能夠無為而為嗎？
任由自性，動靜自如，能不柔弱自守嗎？
明亮坦白，四通八達，能夠無執無著嗎？
生生不息，涵和蘊蓄，使其生長，卻不占有，
任其作為，卻不依恃，由其生長，卻不宰制，
這就叫做玄妙之德啊！

藥方

1. 和諧的意思不是等同為一，而是讓不同的有一超越克服的可能。
2. 任由自性，玄妙自照，沒有什麼執著，就能把握到你想把握的。
3. 生長比競爭重要，用涵和蘊藉的心情去接受，自然能夠生長。
4. 不要想占有，不要想依靠，不要想控制，玄玄中自有妙處！

陰影的後面
在這邊，才欣賞得到雲的綿綿

老子道德經第十一章

三十輻，共一轂，當其無，有車之用。
埏埴以為器，當其無，有器之用。
鑿戶牖以為室，當其無，有室之用。
故有之以為利，無之以為用。

白話譯文

三十支車輻拱著一支車轂，正因中間是虛空的，所以車子才能運轉使用。

摶揉黏土做成器皿，正因中間是虛空的，所以器皿才得盛物使用。

開鑿門窗，起造房舍，正因中間是虛空的，所以房舍才得居住使用。

因此有形有象，利益萬物；虛空無物，妙用無窮。

藥方

1. 心靈放空，才能容物，記住：沒有士兵的大將軍，只能當階下囚。
2. 生命不能空度，但卻要有留白，留白才能有想像的空間，才能有發展的可能。
3. 捨棄，只是捨棄，根本不用問：是否還有可能，因為真正的可能性，就是回到空無的境地。
4. 執著必帶來痛苦，放下是良方；虛空妙用，才得無窮！

黑樹
日光的彼端，樹也是黑色的

老子道德經第十二章

五色令人目盲，
五音令人耳聾，
五味令人口爽，
馳騁畋獵，令人心發狂；
難得之貨，令人行妨；
是以聖人為腹不為目；
故去彼取此。

白話譯文

紅黃藍白黑，五色紛雜，眼花瞭亂，令人目盲；
宮商角徵羽，五音雜沓，令人耳聾；
酸甜苦辣鹹，五味蒸騰，令人口爽；
跑馬田獵，心意紛馳，迷失本性，令人心神發狂；
珍貴寶物，難得財貨，引發殺機，令人行動受到傷害。
就是這緣故，聖人為了肚子，祇管填飽自得；不為眼睛，向外追逐不停。
因此，去掉了外在的追逐，所得的是恬然自適。

藥方

1. 眼睛可是靈魂之窗，若一意追逐，靈魂卻可能從這窗口跑走。
2. 過頭的事，不要做；過度的努力，也不要做；過人的才華，更要愛惜；須知：過了頭，想回頭都困難。
3. 可以多些糞土，因為糞土可以肥沃田地；要少些財貨，因為財貨會引來殺機。
4. 停止追逐，你須要的是安靜、自得。

剩下
抽去了綠草如茵，眼前剩下的是灰色的軟綿地毯，嬌滴滴的漂浮鮮奶油

老子道德經第十三章

寵辱若驚，貴大患若身。
何謂寵辱若驚？寵為上、辱為下，
得之若驚，失之若驚，是謂寵辱若驚。
何謂貴大患若身？吾所以有大患者，為吾有身。
及吾無身，吾有何患？
故貴以身為天下，若可寄天下；
愛以身為天下，若可託天下。

白話譯文

是寵是辱都令人驚駭，最大的禍患卻是自己啊！

怎麼說「是寵是辱都令人驚駭」，寵是得了上頭的寵愛，辱是受了下面的侮辱，得了它讓你驚駭，失了它也讓你驚駭，所以說「是寵是辱，都令人驚駭」。

為何說「最大的禍患卻是自己呢？」，

我為何有這最大的禍患呢？正因為我老執著占有自己啊！

要是我能不執著自己，我又有何禍患呢？

能重視到拿自己的身子去為天下服務，這樣才能寄望以天下；

喜歡拿自己的身子去為天下服務，這樣才能交託以天下。

藥方

1. 管它是寵是辱，依然故我，只是個平常心，便是了！
2. 最大的禍患就是自己，自己太大了，天地就變得小了，知道嗎？
3. 無我才是真我，無我才得自在，「自在」是克服一切「他在」的良方。
4. 忘掉自己的利害，忘掉自己的面子，忘掉自己的身段，才能找回自己。

人生混沌然後忽悠
聚居的秩序命名城市，移動的騎士忽悠好一輩子

老子道德經第十四章

視之不見名曰夷，
聽之不聞名曰希，
搏之不得名曰微，
此三者不可致詰，故混而為一。
其上不皦，其下不昧，
繩繩不可名，復歸於無物。
是謂無狀之狀，無物之象，是謂惚恍。
迎之不見其首，隨之不見其後。
執古之道，以御今之有。
能知古始，是謂道紀。

白話譯文

看它不見（它是無相的）就叫它「夷」，
聽它不到（它是無聲的）就叫它「希」，
摸它不著（它是無形的）就叫它「微」，
它是無相、無聲、無形的，不可以用言語來形容。
它混沌不分，合而為一。
這整體不分的「一」，它表現出來的並不亮麗，
含藏在裡的，卻也不昏暗；
它綿綿不絕地，難以名狀，最後回復到空無一物，這就叫做
「不可名狀的狀態，不可表象的真象」，
這就叫做不可捉摸的「恍惚」。
想迎接於前，卻見不著它的頭；
想追隨於後，卻見不著它的身影。
操持古之大道，治理現前萬有一切；
能知原始古道，這叫做「道之統紀」。

藥方

1. 不要求亮麗，只要不昏暗，就有可能。生命要的不是必然，而是可能。
2. 無相、無聲、無形的時候，就是充滿著可能性的時候。甚至，你要懂得去相、去聲、去形，回到真切的可能點上來。
3. 處在環中，才能因應無窮，不必在前在後、在左在右，徬徨猶豫，浪費心神！
4. 不必擔心目前的勢態如何，要用理念去化解，要以理導勢！

古今交錯
葉子落盡，發一些些新芽，是回憶與現今疊合的味道

老子道德經第十五章

古之善為道者，微妙玄通，深不可識。
夫唯不可識，故強為之容。
豫兮若冬涉川，猶兮若畏四鄰，
儼兮其若客，渙兮若冰之將釋，
敦兮其若樸，曠兮其若谷，渾兮其若濁。
孰能濁以靜之徐清，孰能安以動之徐生。
保此道者不欲盈，夫唯不盈，故能蔽而新成。

白話譯文

古時候，那善於修道的人，精微、奧妙、玄遠、通達，深涵於道，難以了知。

正因為他深涵於道，難以了知，因此我勉強地為他做一番描述形容。

他遲疑審慎像是冬天涉過河川上的薄冰一般，

他猶疑拘謹好像是畏懼四鄰的窺伺一般。

他莊敬恭謹好像是賓客一般，

他除去執著好像冰雪銷融一般。

他敦厚樸實好像未經刨開的原木一般，

他胸懷寬廣好像幽深的山谷一般，

他渾淪不分看起來像是混濁的水一般。

誰能讓那混濁動盪的水，逐漸歸於寧靜，慢慢變得清澈；

誰能讓它安歸於靜，再慢慢啟動、徐徐生長。

保愛此道的人懂得不自滿，正因為他能夠不自滿，因此他能夠去舊更新。

藥方

1. 天道難以了知，不必老是想去窺伺；須知：有幾分敬畏就有幾分福氣。
2. 生命不是用分別心去認識，而是用無分別心去感通，真切的感通起於敬畏。
3. 寧靜之後，再啟動，這樣的啟動才是強勁而有力的。
4. 不避混濁，能讓混濁澄清，這才是真功夫。朋友，息心止慮吧！

天吊
不要問為何向天爭高，誰叫人類的眼神向上吊

老子道德經第十六章

致虛極，守靜篤。
萬物並作，吾以觀復。
夫物芸芸，各復歸其根，
歸根曰靜，是謂復命。
復命曰常，不知常，妄作凶。
知常容、容乃公，
公乃全，全乃天，
天乃道，道乃久，
沒身不殆。

白話譯文

要極力的回到虛靈的本心，要篤實的守著寧靜的元神。
讓萬物如其萬物各自生長，我只靜靜的體會著生命的回歸。
一切存在如此錯雜紛紜的生長著，它們總是各自回復到自家的生命本源。
能夠回復生命本源的寧靜，這真叫做生命的回歸啊！
回歸生命本身就叫常道，沒體會得常道，胡作非為，那就會產生了禍害。
體會得常道就會生出包容，體會得包容就會變得廓然大公，
廓然大公才得周遍完全，周遍完全才能自然天成。
自然天成就能符合於道，符合於道也就能悠久無疆，
終其一身也就不會有什麼危險了！

藥方

1. 要相信生命自己有一回歸與生長的可能，不必造作，不必擔心。
2. 虛心吧！由他去吧！他會自己好好生長的，只要關懷他，不要控制他。
3. 真正的包容是不必忍受、不必包容，讓他來去自如，如如生長。
4. 「道」是你的道、我的道、他的道，大家的道，它靜靜地等著你。

斷鏈
擁有手機，遺失了大部分猜疑與等待的浪漫

老子道德經第十七章

太上，不知有之；
其次，親而譽之；
其次，畏之；
其次，侮之；
信不足焉，有不信焉。
悠兮其貴言。
功成、事遂，
百姓皆謂：我自然。

白話譯文

最上乘的國君治理天下，使得人們不覺得有他的存在；
其次者，使得人們來親近他、讚譽他。
再其次者，使得人們畏懼他；
又其次者，使得人們回過頭來侮辱他；
統治者的誠信不足，老百姓們也就無法相信你。
悠悠然地行事吧！不要輕易的發號施令。
成功了，完事了，老百姓們說：我們原來就自自然然的這樣了！

藥方

1. 重點是怎樣把事情做好，不是誰得了權位、誰去完成，誰享了大名。
2. 你給出的是天地、是心情、是可能，不是指導、不是控制、不是督促。
3. 控制森嚴，這是最不好的管理方式，能物各付物，自然而然才好。
4. 不要讓學生老覺得是你教給他的，不要讓兒子老覺得是你傳給他的，自然才好。

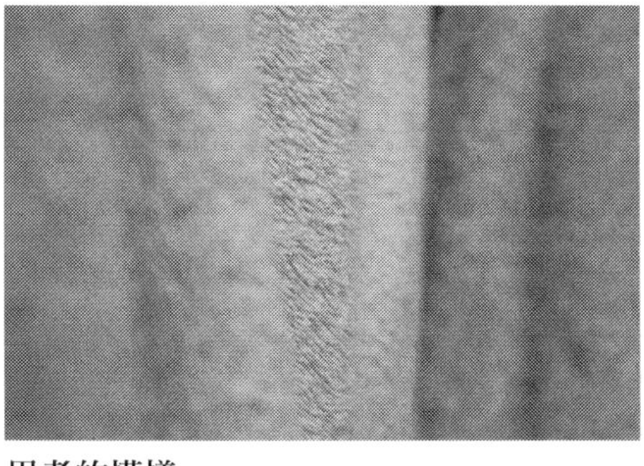

思考的模樣
繁複龐雜的紋理蔓延，一束較為清晰的毛絮

老子道德經第十八章

大道廢，有仁義；
智慧出，有大偽；
六親不和有孝慈，
國家昏亂有忠臣。

白話譯文

廢棄了自然大道，就得強調人間的真情實感、義理規範；
出離了智慧明照，人間的造作詐偽也就群起而生了。
父子、兄弟、夫婦，這六親無法和諧共處，這時就得強調孝道與慈愛的重要。
國家昏亂不堪，這時候才有所謂的「忠臣」。

藥方

1. 強調什麼，其實就是失去什麼，要懂得安享幸福，不要老追索幸福。
2. 大道自然，無情有情，沒有強迫，卻有道理，不用擔心。
3. 與其立志成為忠臣孝子，無寧盼望六親和順、天下太平。
4. 與其一直提醒自己要怎麼樣，不如讓自己就這樣、就這樣，如如自然。

以字跡筆記

脈絡的情感，在筆畫上輕重

老子道德經第十九章

絕聖棄智，民利百倍；
絕仁棄義，民復孝慈；
絕巧棄利，盜賊無有。
此三者以為文不足，
故令有所屬。
見素抱樸，
少私寡欲。

白話譯文

絕棄了聖智的美名，不會為此美名來迫壓人民，人民自然可以得利百倍。
絕棄了仁義的聲名，不會為此聲名來奴役人民，人民自然可以歸返孝慈。
絕棄了巧利，不再生起貪取之心，那盜賊也就不會存在了。
這三者是說人間的禮文制度不足以治理這個世界，
因而得讓它有所歸屬於自然。
讓你的天真朗現吧！永遠懷抱著真樸的本心吧！
自然而然，你的私心就減少了，你的欲望也就降低了。

藥方

1. 不要貪取美名，要懂得務實，真正的務實就是不強求、就是自然！
2. 用再多的語言文字去教導，都不如自自然然的生長。
3. 讓你的天真朗現吧！永遠懷抱著真樸的本心吧！這樣自然快活！
4. 自我降到最低，才能升起真正的我；欲望減到最少，才能升起生命的真實動力。

糊影子
模糊，是離天更近的意思

老子道德經第二十章

絕學無憂，
唯之與阿，相去幾何？
善之與惡，相去若何？
人之所畏，不可不畏。
荒兮其未央哉！
眾人熙熙，如享太牢，如春登臺。
我獨泊兮其未兆，如嬰兒之未孩。
儡儡兮若無所歸！
眾人皆有餘，而我獨若遺。

我愚人之心也哉，沌沌兮！
俗人昭昭，我獨昏昏。
俗人察察，我獨悶悶。
澹兮其若海，飂兮若無止。
衆人皆有以，而我獨頑且鄙。
我獨異於人，而貴食母。

白話譯文

棄絕後天擾攘的學習，免除憂愁煩惱吧！
人家唯唯諾諾說你好，或者人家拿言語呵斥你，那相去有多遠啊！
人家評價是善，或者人家評價是惡，兩者距離可有多遠啊！
人家所畏懼的，我們也就不可以不畏懼，這是世事之然啊！
不過，大道廣闊，無涯無際，永不停歇！
世俗大眾，熙熙攘攘，好像享用了豐富的宴席一般，
好似春日裡登臺遠眺一般，總湊個熱鬧！
唯獨我澹泊的、寧靜的，起不了什麼兆頭，就好像那還沒長大的嬰兒一般。
閒散悠遊，沒有什麼特定的目的，好像無家可歸似的。
世俗大眾總要為自己打算，留個有餘，而我獨獨像是有所缺憾一般！
我守著愚人之心啊！渾渾沌沌的啊！
世俗人求的是烜赫顯耀，我獨獨喜歡默默無名。
世俗人總好精明能幹，我獨獨喜歡渾渾無心。
心地恬淡好像大海一般，飂闊無涯，永無邊際。
世俗大眾總要個目的、有個憑藉，而我獨獨固守自然，寧願鄙陋。
我獨獨不同於一般世俗大眾，我所尊貴的是回到母親的懷抱，渴飲母愛甘泉！

藥方

1. 不要擔心學不好，放下吧！沒有了憂愁，沒有了煩惱，一切會好！
2. 人家所畏懼的，我們也就不可以不畏懼，這是世事之然，就這樣！
3. 不必老為自己打算，倒是寧可守著自然虛靜之道。
4. 烜赫顯耀、精明能幹，不如渾渾無心、默默無名，自在的好。
5. 當爸爸就要給人，當兒子卻永遠有媽媽的支持！就當個兒子吧！

水泥森林
另一座上帝之城而已

老子道德經第廿一章

孔德之容，唯道是從。
道之為物，唯恍唯惚，
惚兮恍兮，其中有象；
恍兮惚兮，其中有物。
窈兮冥兮，其中有精，
其精甚真，其中有信。
自古及今，其名不去，
以閱眾甫。
吾何以知眾甫之狀哉？以此！

白話譯文

最大的德行願景，就是順從著自然大道。
自然大道究是何物呢？有無虛實，恍惚難辨！
恍恍惚惚中，自然大道顯現了意象；
恍恍惚惚中，那意象逐漸轉為具體的形物了；
自然大道是何等深遠而幽冥，卻隱含著精誠的動力，
自然大道的精誠是真切的，這裡有其確信不移的地方。
從古到今，人們用了許多名言概念去建構這世界，它總離不開「自然大道」。
就是經由「自然大道」，才能審閱人間大眾各種事物。
我何以能夠知道人間大眾各種事物的情狀呢？就憑這「自然大道」。

藥方

1. 具體的形物要分辨清楚，但要超越它，真實的圖象要明白，但要空卻它。
2. 自然大道是無名、無形、無情、無象的，只是個自然而已！
3. 順從著自然大道，就不必強調自覺的德行，精誠自可以不移，真正的精誠不是勉強，而是自然。
4. 回得「自然大道」，一切清楚明白，人間事物，整整齊齊，一個走不了！

老心聲

猝然聳立的陳舊，依然一片天空下的雋永，
磚面映著光，老房子你在想念誰？

老子道德經第廿二章

曲則全，枉則直，
窪則盈，敝則新，
少則得，多則惑。
是以聖人抱一為天下式，
不自見故明，
不自是故彰，
不自伐故有功，
不自矜故長。
古之所謂曲則全者，豈虛言哉？
誠全而歸之。

白話譯文

委屈正所以能周全，
彎曲正所以能伸直，
低窪正所以能滿盈，
破舊正所以能換新，
少了正所以能得到，
多了正所以能造成迷惑。
因此，聖人懷抱著整體的道來做為天下人所學習的範式。
不自我表現，因此反而明白；
不自以為是，因此反而彰顯；
不自我誇耀，因此反而功勞長存；
不自驕自滿，因此反而得以生長。
古來所說「委屈正所以能周全」這樣的話，哪裡是虛飾的話而已呢？
實在說來，是應該像這樣的周全才能歸返於道啊！

藥方

1. 理直不一定要氣壯，做起來儘管有些曲折，但卻可能是較為周全的。
2. 要能「藏」，但不是遮掩；而只是讓自己在安靜的情境下，默運造化，好好生長。
3. 不必擔心走錯路，走錯路，就多認得一條路，好好記得這條路，以後可能也有用。
4. 法律對了，道理不一定對；道理對了，人情不一定對；人情對了，還是要求道理對，求法律對。真人情，不是世俗，而是人的真情實感。

停等
在柵欄前停下，只見天空的雲飄移

老子道德經第廿三章

希言自然，
故飄風不終朝，驟雨不終日。
孰為此者？天地。
天地尚不能久，而況於人乎？
故從事於道者，同於道；
德者，同於德；
失者，同於失。
同於道者，道亦樂得之；
同於德者，德亦樂得之；

同於失者，失亦樂得之。
信不足焉，有不信焉！

白話譯文

默然無語，自然天成，
暴風颳不了一整個早上，急雨下不了一整天。
是誰使得它們這樣子的呢？是「天地」。
天地尚且不能讓暴風急雨持續長久，更何況人呢？
（人怎可能讓苛政暴刑長久呢？）
因此之故，順從於自然大道的，它就和同於自然大道；
依循著天真本性的，它就和同於天真本性；
一旦失去了自然大道、天真本性，它也就這樣失去了自己。
生命和同於自然大道的人，自然大道也樂於相伴；
生命和同於天真本性的人，天真本性也樂於相伴；
生命失去其自己的人，那自然大道、天真本性也就不願與它相伴。
自己守的信諾不足，自然大道、天真本性也就不信任它！

藥方

1. 與其相信話語的確認，不如相信一切會默運造化、自然天成！
2. 暴風急雨，就讓它過去吧！過去了，天地澄明，平坦太平！
3. 即使是錯的，包容它，就可能長出對的；即使是對的，強調它，卻可能變成錯的。
4. 內在的確認，相信自然天成，也就會自然天成！大自然有一獨特的偉力在焉！

倉促
城市裡匆忙移動的人們，穿梭閃亮霓虹

老子道德經第廿四章

企者不立，跨者不行。
自見者不明，自是者不彰；
自伐者無功，自誇者不長。
其於道也，曰：餘食贅行。
物或惡之，故有道者不處。

白話譯文

踮著腳跟，會站不穩，
張大步伐，反而難行！
自我表現，反而沒得明白；
自以為是，反而沒得彰顯；
自我誇耀，反而沒有功勞；
自驕自滿，反而沒得生長。
像這樣子對於道，可以說是「吃過頭，剩下的飯；做過頭，累贅的行止」，
就事來說，會令人心生厭惡，因此有道之士，不願意這樣做。

藥方

1. 腳踏實地，一步步的往前走，行到水窮處，坐看雲起時，只是個閑逸，可也。
2. 忘記自己的功業，忘記自己的欲求，這樣才是個真幸福的人，上蒼才得幫助你！
3. 生長，只是個生長，不必老安在「自己」，自然可也。
4. 不要勉強，勉強會造成傷害；寧可順成天地！

空蕩
一瞥行人的倉促的影子，人類在歷史路過的痕跡

老子道德經第廿五章

有物混成，先天地生。
寂兮寥兮，獨立而不改，周行而不殆，可以為天下母。
吾不知其名，字之曰道，強為之名曰大。
大曰逝，逝曰遠，遠曰反。
故道大、天大、地大、人亦大。
域中有四大，而人居其一焉！
人法地，地法天，天法道，道法自然。

白話譯文

有個東西渾然而成，在天地之前即已存在。

無聲無息的、無邊無際的，豈然獨立，永不遷動；

周而復始，運行不已，它可以做為一切天地萬物的母親。

我們不知何以名狀它，約定叫它做「道」；勉強地形容它，說它是廣大無邊；廣大無邊而運行不盡，運行不盡而玄遠無際，玄遠無際而又返回本源。

這麼說來，道大、天大、地大、人亦大。

（這麼說來，總體之本源的「道」是創生不已的、普遍而高明的「天」是寬廣無涯的，具體而厚實的「地」是涵藏無盡的，虛靈明覺的「人」也一樣具有自強不息的創生可能。）

整個大宇長宙中有這四大，而人居其中之一，

人學習「地」的厚實涵藏，進而學習「天」的高明寬廣，進而學習「道」的本源創生，最後則是效法學習「自然」生成。

藥方

1. 留意發展的向度，用「圓環式的思考」去替代「單線式的思考」，想想恆久的可能。
2. 人之為人，是因為天地萬有一切都可以在一剎那間被納到心中，除非你自己看小了自己。
3. 具體的生長，普遍的發展，脈絡的安排，自自然然地，如如無礙！
4. 人要能放下，就輕鬆了；人要能放空，就明朗了。

安全島
灑著陽光，偷渡著悠閒的安全地帶

老子道德經第廿六章

重為輕根，靜為躁君；
是以聖人終日行不離輜重，
雖有榮觀，燕處超然。
奈何萬乘之主，而以身輕天下？
輕則失根，躁則失君。

白話譯文

穩重是輕易的根本，寧靜是躁動的主宰；
因此治國的聖人終日離不開承載衣物糧食的車子，
即使是華美豐盛蔚為大觀，但平居之時，仍要超然物外，
怎麼可以讓那萬乘之君，輕率地治理國家呢？
輕率就會失去了根本，躁動則會失去了主宰。

藥方

1. 穩重才能生長，不要陷溺在浮動的情緒中，要握住方向。
2. 不要以為那是沉重的負擔，而要愛惜你已有那麼樣的負重能力。
3. 很難下決定，這叫謹慎；能謹慎，表示自己有敬畏的精神。
4. 不要輕率行動，否則失去根本，一切危矣！寧靜、深忠！

剪影

烈日之下，我們在抬不起頭的黑暗世界

老子道德經第廿七章

善行無轍跡，
善言無瑕謫，
善數不用籌策，
善閉無關楗而不可開，
善結無繩約而不可解。
是以聖人常善救人，故無棄人；
常善救物，故無棄物。是謂襲明。
故善人者，不善人之師；
不善人者，善人之資。
不貴其師，不愛其資；
雖智大迷，是謂要妙。

白話譯文

善於行事的人，無為自然，不留痕跡。
善於言說的人，沉默寡言，言語無過。
善於謀畫的人，無心為機，不用計算。
善於閉合的人，不用關鍵也打不開。
善於結納的人，不用繩索也解不開。
如此說來，聖人用常道的善來救人，因此從沒有棄絕人；
用常道的善來救物，因此從來沒有棄絕物；這就叫做「承襲常道之明」。
這樣子看來，善人是不善之人的老師；
而不善之人則是善人所引以為借鑑的。
人們要是不懂得去尊貴他的老師，不去愛惜他所該因以為借鑒的；
這樣的人即使有再大的才智，其實卻是大大的迷惑，這道理可真精微玄妙得很啊！

藥方

1. 「平常」就好，「好」只是平常，平平常常，不用多所計算，自然天成。
2. 平常地好，像日月運行一樣，沒有偏私，卻長久不息！
3. 不要嫌那些向你頂禮的人，說他們低下；沒有他們的低下，哪有你的尊貴呢！
4. 真正的智慧是不為外物所迷，總在自己的腔子裡做主；進一步做主是無主之主，只是自然。

守秩序
即使直行如我們此般凝結，只是壓抑著收斂的狂野

老子道德經第廿八章

知其雄，守其雌，為天下谿；
為天下谿，常德不離，復歸於嬰兒。
知其白，守其黑，為天下式。
為天下式，常德不忒，復歸於無極。
知其榮，守其辱，為天下谷。
為天下谷，常德乃足，復歸於樸。
樸散則為器，聖人用之，則為官長。故大制不割。

白話譯文

要司理那向外的雄心，就得固守那內在的母性，像是天下的谿谷一般；像是天下的谿谷，真常本性永不分離，回復歸返於嬰兒的自然狀態。

要司理那彰顯於外的光明，就得持守那涵藏於內的晦黯，做為天下人所學習的範式。做為天下人所學習的範式，真常本性也就不會有什麼偏差，回復歸返於沒有終極的真實之境。

要司理人間的榮華富貴，就得記守受辱時的情境，謙卑地像是天下的山谷一般。能謙卑的像是天下山谷一般，這樣子真常本性才得充足，才能回復歸返真樸本源。

真樸本源發散為天下萬物，聖人體會運用這個道理，如此才能成為百官之長；如此說來，最完善的制度，就是不要陷入支離割裂之中。

藥方

1. 得意時，須有失意時之意態；失意時，卻不必落寞，而要平常心。
2. 大豪傑之為大豪傑，就在於能放得下，能回到最原初的柔軟狀態。
3. 放開了「權、利、名、位」，才能有「經、義、實、地」，才能生長。
4. 操作最好的制度，要有跨出制度的器量！跨出制度，不是不守制度，而是一心向著真樸本源。

走天橋

迴避盛夏的烈日，影子裡的人沒入臉孔

老子道德經第廿九章

將欲取天下而為之，吾見其不得已。
天下神器，不可為也，不可執也。
為者敗之，執者失之。
故物或行或隨，或歔或吹，
或強或羸，或載或隳。
是以聖人去甚、去奢、去泰。

白話譯文

想要去握取天下，大有為地來治理它，依我看來，那是辦不到的事！
天下就像是一神聖而奧妙的器物一般，不可以「大有為」，不可以「緊抓不放」。
「大有為」就敗亂了天下，「緊抓不放」卻往往失去了治國先機。
如此說來，就像是人一樣，有時走在前，有時跟在後；
有時歔氣為暖，有時吹氣為涼；
有時體健剛強，有時身骨羸弱；
有時厚實堪載，有時挫折頹廢。
因此之故，聖人（做事）不過分，（生活）不奢華，（態度）不傲慢！

藥方

1. 做事要認真，但不要執著；要用心，但不要擔心！一方面說，好在有我，一方面說，可以沒有我。
2. 緊抓不放的人，只能做小事；做大事的人，要能放，但放而不放，不放而放，要有清明的智慧觀法。
3. 做事不過分，生活不奢華，態度不傲慢！人能如此，不成功也成功！
4. 一時之間的成敗利害，不要去管它，老管著它，它就糾纏著你！能忘，才是大英雄、大豪傑！

慢
快速的消逝模糊裡，流光了遺忘，記得了一件事，你慢下來了

老子道德經第三十章

以道佐人主者，不以兵強天下；其事好還。
師之所處，荊棘生焉！
大軍之後，必有凶年。
善者果而已，不敢以取強。
果而勿矜，果而勿伐，果而勿驕。
果而不得已，果而勿強。
物壯則老，是謂不道，不道早已。

白話譯文

用自然大道來輔佐人主的人，就不會以兵力強取天下，

以兵力強取天下，很快就會引發報復！

戰爭所在之處，遍地荊棘！

大戰之後，凶悍連年。

善於用兵的，速求結束，不敢逞強豪取！

速求結束，不敢自負；

速求結束，不敢誇耀；

速求結束，不敢驕慢！

速求結束，用兵乃不得已；

速求結束，用兵切勿逞強。

任何事物，一旦逞強，勢必衰頹老死，這就不合自然大道。

不合自然大道必然就會很快消逝滅亡！

藥方

1. 暴力必然引來暴力，只有柔性才能化解暴力。
2. 不得已要用到戰爭，但要速求結束，不要逞強！成功了要哀矜而勿喜！
3. 過頭的，就會老逝！等待吧！可以不要用霹靂手段，就不要用！
4. 殘忍的戰爭，要有一分慈忍的精神！怒目金剛手段是要低眉菩薩心腸！

政府
前往的路上，請小心駕駛

老子道德經第三十一章

夫佳兵者，不祥之器。物或惡之，故有道者不處。君子居則貴左，用兵則貴右。兵者，不祥之器，非君子之器。不得已而用之，恬淡為上。勝而不美，而美之者，是樂殺人。夫樂殺人者，不可得志於天下。吉事尚左，凶事尚右。偏將軍居左，上將軍居右。言以喪禮處之，殺人眾多，以悲哀泣之。戰勝以喪禮處之。

白話譯文

再好的兵器，還是不吉祥的東西。人們多半不喜歡它，因此有道之士不願用兵。

有道君子平常以「左」為貴，而用兵則以「右」為貴。

兵，是不吉祥的東西，不屬有道君子的東西。

不得已要用兵，當以恬淡為上。

用兵得勝也不須讚美，若是喜歡讚美用兵，我們說這是以殺人為樂。

那以殺人為樂的人，是不可能得到天下人認同的。

自古以來，吉祥之事以左為尚，凶危之事則以右為尚。同這道理，偏將軍危害少些，因此，居於左；上將軍危害大些，故居於右。

顯然的是說：以喪禮來處理這樣的事，戰爭殺人眾多，當以悲哀之心，涕泣之。因此，打了勝仗，當以喪禮來處理。

藥方

1. 涉及於勝敗的事，要用恬淡的心情去處理；涉及於生長的事情，要用心去沾溉它！
2. 「自然大道」是生命的原動力，心靈則是土地，要去耕耘它、種植它！在這裡，你會發現自然大道。
3. 哀兵必勝，勝兵當哀，勝的不是讓對方敗了，哀的反倒是這樣的勝敗，這是要讓自己「死去活來」，好自生長。
4. 打敗對方，你贏了！可能這樣你就輸了！輸在哪裡？輸在你贏！

古宅
眼看著時光這樣逆流

老子道德經第三十二章

道常無名，樸，雖小，天下莫能臣也。
侯王若能守之，萬物將自賓。
天地相合，以降甘露，民莫之令而自均。
始制有名，名亦既有，夫亦將知止；知止，可以不殆。
譬道之在天下，猶川谷之與江海。

白話譯文

大道，恆常變通，是不可名言表述的，像是未雕琢的原木一般！它精微幽深，天下間沒有誰能支配它的！

在上位的侯王們要是能守此自然大道，萬物將會如其萬物，自然生長！就如同天地乾坤、陰陽之氣，和合相感，自然降下了甘露，不必去命令人民，而它已自然均平！

人們經由名言去建制這個世界，名言既已構成，那重要的是要能夠知其所止；能夠知其所止，這樣才能免除危險！

大道之流布於天下，就好像山川深谷的水必然流歸大海一般！

藥方

1. 心靈的治療不能老在端倪上用工夫，要回到本源；回歸之法，便得剝落語言的執著！
2. 不要強求溝通，要體會靜默！靜默中有真樸的愛，大道之愛！
3. 知其所止，不是在現象上去止住，而是用理想去轉移！猛然煞車是會翻車的，要懂得轉個彎，才能活下去！
4. 放下它！放不下，那就放著！放著，用遺忘的方式放著！讓它回到記憶的海洋中！

騎士
如果在偌大的城市裡覺得茫然，別擔心，這是憐憫生命的聲音

老子道德經第三十三章

知人者智，自知者明；
勝人者有力，自勝者強；
知足者富，強行者有志；
不失其所者久，死而不亡者壽。

白話譯文

能識別清楚他人，算是「聰智」，能回到自身好自了解，算是「明白」。
勝過別人，叫做「有力」，勝過自己，才是真正強者。
知足的人，算是富有；奮力實踐，必然已確立了志向。
不離大道之所，才能長久；身雖死，精神長存，這叫長壽。

藥方

1. 真正的智慧是自照照人，明白了自己，因而清楚了別人，是以自身為起點展開的。
2. 強者是不隨自家的軀殼起念的，強者是咬著牙，和血吞！更重要的是放下！
3. 知足者富、自尊者貴，能知此，就能立得了志；立得了志，就能奮力向前！
4. 情境具有生長的力量，也可能會成為毀損的力量，要好好經營它！有了好情境，心靈主體就順適可成。

老房子
從破瓦裡穿出新枝，爭一口幾十年來不必與人分享的空氣

老子道德經第三十四章

大道氾兮，其可左右。
萬物恃之而生而不辭，
功成不名有，衣養萬物而不為主。
常無欲，可名於小；
萬物歸焉而不為主，可名為大。
以其不自為大，故能成其大！

白話譯文

大道如水，源泉滾滾，盈滿而溢，或左或右，無所不在！
天地萬物，依恃大道而生長，永不分離。
功業既成，卻不占為己有，覆育長養萬物，而不去宰控它。
大道常理，無所貪求，可說是精微奧秘！
萬有事物，歸於其中，卻不去控制它，可說是包容廣大。
正因為它不認為自己如何的包容廣大，因而才真成了包容廣大。

藥方

1. 能放下，就能不執著；能不執著，就可以無邊際，就可以包容廣大！
2. 不要在末節上競爭，要在本源上生長，這叫參贊天地之道。
3. 具體的生長一點點，比起在理念上說的天花亂墜要好得多！
4. 面對渺小，才能識得其重大；能識得重大，就不為所謂的「偉大」所迷惑！

人類，交通這樣
看別人來去，或在來去的路上

老子道德經第三十五章

執大象，天下往；
往而不害，安平泰。
樂與餌，過客止。
道之出口，淡兮其無味。
視之不足見，聽之不足聞，用之不足既。

白話譯文

執守大道，天下都來歸附！
往歸於道，無所傷害，便能安順、平坦、通泰！
悅耳的音聲與可口的食物，過客之人，暫止於此，過了也又過了！
大道顯發為言語，往往平淡無味。
看也看不見，聽也聽不清；用卻怎麼用也用不完！

藥方

1. 要選擇的是自然、平坦，而不是勝利；要選擇的就是通達，而不是熱烈！
2. 過客所要的，往往和住戶不同；想想你是歸人，還是過客，還是……
3. 大道理一定平凡無奇，但平凡無奇可不一定是大道理！
4. 不必多所揣度，要如理實在；是怎樣就怎樣，還它個明白！

從土地仰望
看植物與天空豪奪紅綠燈的固執死板

老子道德經第三十六章

將欲歙之，必固張之；
將欲弱之，必固強之；
將欲廢之，必固舉之；
將欲奪之，必固與之；是謂微明。
柔勝剛，弱勝強。
魚不可脫於淵，國之利器，不可以示人！

白話譯文

將要收縮歛合的，勢必先伸展擴張；

將要删削減弱的，勢必先加意增強；

將要丟擲廢棄的，勢必先支持薦舉；

將要劫掠奪取的，勢必先出讓給予；這就叫做「隱微奧秘的真理」。

陰柔勝過陽剛，柔弱勝過剛強。

總要處在自然大道之中，如同魚不能脫離淵深之水，如同國家銳利的武器不可以輕易示人，以免為人所奪！

藥方

1. 大自然有一種「物極必反」的道理，不必太用心、太刻意，讓世事交給老天爺吧！
2. 對於隱微之明、奧秘之理，默首體會，自有一番心地！
3. 柔性的顛覆比起剛性的鬥爭有趣多了，因為這樣的顛覆是一種生長。
4. 武備！武備！做為一種裝備，一種準備！有備無患！不可以輕易示人！

光樹

天，偶然灑下淬著葉子鮮綠的光

老子道德經第三十七章

道常無為而無不為，
侯王若能守之，萬物將自化；
化而欲作，吾將鎮之以無名之樸。
夫亦將無欲，無欲以靜，天下將自定。

白話譯文

自然大道，原本平常，不為什麼目的，而自如其如的生長著。
當政的侯王若能執守這自然大道，天下萬物將回到自身，自然化成。
自然化成生出了貪欲渴求，我將憑依不可名狀的本源之道去鎮伏它。
如此一來，便可以無貪無求；無貪無求而回到寧靜，天下將因之自然安定！

藥方

1. 不要老算計功利、不要老想著目的；無目的，當下自然，便是瀟落，這就成個自然豪傑！
2. 不須去管理，讓他們自己想出一套自己管理自己的方式，你只須看看就可以了！
3. 一切計議便會生出貪欲渴求，這時需要的不是去壓抑它，而是讓大道顯現，這樣的鎮伏是自然鎮伏，這才有效！
4. 無貪無求，就是至福；真正的德從此處立起，這是通於自然大道的，這叫道德，道生之、德蓄之！

提琴家

有些藝術，是不必在意舞臺的驕傲

老子道德經第三十八章

上德不德，是以有德。

下德不失德，是以無德。

上德，無為而無以為；

下德，為之而有以為；

上仁為之而無以為。

上義為之而有以為。

上禮為之而莫之應，則攘臂而扔之。

故失道而後德，失德而後仁，失仁而後義，失義而後禮；

夫禮者，忠信之薄，而亂之首。

前識者，道之華，而愚之始。
是以大丈夫處其厚，不居其薄，
處其實，不居其華，故去彼取此。

白話譯文

至上之德，不執著此德，正因如此，擁有這德性。
俗下之德，執持不失此德，正因如此，丟失了這德性。
至上之德，自然無為而且也不為什麼目的而為；
俗下之德，勉力有為而且是為了目的而為；
至上之仁，純只感通為之，不為什麼目的而為；
至上之義，勉力為之，這是為了目的而為。
至上之禮，勉力為之，卻沒得恰當回應，就拉著臂膀而勉強將就它。
如此看來，失去了大道之源，而後只好強調內在德性；失去了內在德性，而後只好強調感通之仁；
失去了感通之仁，而後只好強調正義法則；失去了正義法則，而後只好強調禮儀規範。
那強調禮儀規範的，正可見忠誠、信實已然澆薄，禍亂災害，已然開始！
預先測度未來，只見得大道的表象，這是人們愚昧之始啊！
因此，大丈夫寧可居處忠信之厚，不願居處禮文之薄！
寧可居處純樸之實，不願居處浮泛之華，因此寧可去華薄，而取厚實！

藥方

1. 「道」是有人起個頭，帶著你走，這人是誰，是你胸中的主。
2. 「德」是依正直的心來做，直入本源，不必罣礙！
3. 「仁」是彼此真誠相感、相應，融合為一體。
4. 「義」是自我要求完善，做成規則，勠力為之。
5. 回得本源，一切自在、自然！純樸的力量最大！

乘載

載著他，你忽然離開，我忍受，失去你輪廓的清晰感

老子道德經第三十九章

昔之得一者：

天得一以清，地得一以寧，

神得一以靈，谷得一以盈，

萬物得一以生，侯王得一以為天下正。

其致之，天無以清將恐裂，地無以寧將恐廢，

神無以靈將恐歇，谷無以盈將恐竭，

萬物無以生將恐滅，侯王無以貴高將恐蹶。

故貴以賤為本，高以下為基，

是以侯王自謂孤寡不穀，此非以賤為本邪？非歟！

故致數譽無譽，不欲琭琭如玉，珞珞如石。

白話譯文

溯其源頭，古早以前能得大道整體之全的：
「天」得此整體之道，因之而清明，
「地」得此整體之道，因之而寧靜，
「神」得此整體之道，因之而靈感，
「谷」得此整體之道，因之而盈滿，
「萬物」得此整體之道，因之而生長，
「侯王」得此整體之道，因而能以正道治國。
就此往前推論來說，天若不清明，將恐分裂；
地若不寧靜，將恐崩廢，
神若不靈通，將恐消歇，
谷若不盈滿，將恐枯竭，
萬物不得生長，將恐絕滅，
侯王不得高貴正位，將恐顛蹶。
如此說來，「貴以賤為根本」、「高以下為基礎」，
因而侯王自稱為「孤」、「寡」、「不穀」，這豈不是以賤為本嗎？不是嗎！

由此看來，最高的榮譽，那是無譽之譽；修道之人，不願別人稱譽它琭琭如玉，而寧可無譽的珞珞如石一般！

藥方

1. 「一」是一切的本源，也是當下的起點，想著「一」，一件一件的去做完它，不必掛心！
2. 你高貴嗎？正因為有所謂的「低賤」襯托出來的，想到這裡，你怎能不對所謂的「低賤」默首道謝呢？
3. 最高的榮譽不必需索、貪求，寧可無什麼榮譽，因為自然大道本來是平平常常，哪有什麼榮譽！
4. 你不夠好，人家說你好，這要慚愧！你很好，人家說你不好，卻要坦然！

時空穿梭

將軍的宅邸發著大樹成蔭，富人的新樓在後面冉冉升起

老子道德經第四十章

反者，道之動，弱者，道之用，天下萬物生於有，有生於無。

白話譯文

正反往復，自然大道，行動不息，
柔弱溫順，自然大道，運用無窮，
天下有千萬個分別的事物，它生起於人們有形有象的執著分別，
這有形有象的執著分別則又生起於無形無象的渾淪為一。

藥方

1. 將一條線圈成一個圓，原先的兩端就成為同一個點！想想：這就叫「道」理！
2. 管人家說你、笑你脆弱，你明白自己是在生長就好了！須知：此時生長最安全，最有空間！
3. 沒有經驗，正充滿了可能性，誰說一定是要老經驗的好！
4. 「無」可以是「沒有」，可以是「可能」，更可以是「無窮無盡」，有個「無」真好！

積累
人生是保留層疊堆壘的餽贈

老子道德經第四十一章

上士聞道，勤而行之；
中士聞道，若存若亡；
下士聞道，大笑之，不笑不足以為道。
故建言有之，明道若昧，進道若退，
夷道若纇，上德若谷，
大白若辱，廣德若不足，
建德若偷，質真若窬，
大方無隅，大器晚（免）成，
大音希聲，大象無形
道隱無名，夫唯道善貸且成。

白話譯文

上士之人聽聞大道，勤勉而行、勠力不懈；
中士之人聽聞大道，將信相疑、時存時亡；
下士之人聽聞大道，訕然大笑，要是不笑就不叫大道啊！
因此古來成語說：
光明之道，像是暗昧；前進之道，像是後退；
平坦之道，像是崎嶇；高尚之德，卑如山谷；
大功彰著，像是受辱；廣博之德，像是不足；
剛健之德，像是偷惰；質樸真實，像是空虛；
方正廣大，便無棱隅；宏偉器識，不必期成；
大道之音，無聲可聞；大道之象，無形可見；
大道隱微，無名可識；就只此大道善於助長萬物、成就萬物！

藥方

1. 別人怎麼說是一回事，我怎麼做更是一回事；這回事不同於另一回事，只此一回事，如其所如，自自在在！
2. 世俗人看得很低，而值得做的事，往往具有強大的生長力量，可以一試！
3. 自然大道是「自然」，是「大道」；自然就不在意他人，而是自自然然；大道就不避崎嶇，何路非大道也。
4. 大道是看不見的、聽不著的，但它就在生長中！

過程
在華麗的成果前，忍受破陋的建構

老子道德經第四十二章

道生一，一生二，二生三，三生萬物；
萬物負陰而抱陽，沖氣以為和。
人之所惡，唯孤寡不穀，而王公以為稱；
故物或損之而益，或益之而損；
人之所教，我亦教之。
強梁者不得其死，吾將以為教父。

白話譯文

大道之生，渾淪為一、「不可言說」，
「不可言說」，分裂為二、轉為「可說」；
既為「可說」，參合天地、成就為「說」；
「說」必有指，指向對象，構成「萬物」。
萬物存在載負陰柔而環抱陽剛，養其虛靈之氣以為調和。
孤、寡、不德這些話頭是人所厭惡的，而王公偏以此自稱，為的是調和其氣。
如上所說，存在事物雖或減損，反而增益；雖或增益，反而減損；
這道理是前人所留下的教示，我也同樣的教示你！
矜強自恃的人，不得好死，我將以此做為教示世人的綱領。

藥方

1. 人們用語言名號去對既有的存在定下標籤，但可不要忘了未貼標籤前，正是存在事物生長的過程！
2. 任何存在事物總有陰陽剛柔兩個對立面，用你的謙卑心靈去活轉它吧！「處環中以應無窮！」
3. 教，是不言之教，是柔弱之教，這是生長的關鍵處；即使要說話，還是要歸於不說。
4. 損之可益，益之可損，自然有一種持平原則，人間禍福分亦是如此，且安心吧！

慾望的替代

攀不上文明的瞭望塔，以方塊堆棧似乎整齊的迷思

老子道德經第四十三章

天下之至柔，馳騁天下之至堅。
無有入無間，吾是以知無為之有益。
不言之教，無為之益，天下希及之。

白話譯文

天下間最為柔弱的，往往能夠馳騁在最為堅固的事物之間。沒有形體的東西可以透入看似沒有間隙的地方，我因此明白到無所造作、自然而為，是真切有益的！不經言辭的教導，不執著造作、自然而為，這樣的智慧，普天之下，很少人能及得上啊！

藥方

1. 有形有象的東西必然會毀壞，無形無象的東西卻可以長存！
2. 修行，不是去追求「有」，而是回返於生命的「無」，「無」是本源！
3. 「說」了有作用，但「不說」有時作用會更大、更大！「說」與「不說」之間要拿捏恰當！
4. 不是不做，而是做了要放下；放下才能自在，才能開啟新局！

角落圓鏡

似乎這一輩子就這樣看著對方，所謂的安全感是距離感的同義詞。

老子道德經第四十四章

名與身孰親？
身與貨孰多？
得與亡孰病？
是故甚愛必大費，
多藏必厚亡。
知足不辱，知止不殆，可以長久！

白話譯文

名譽與生命，何者可愛？
生命與財貨，何者貴重？
獲得與失去，何者有害？
因此過分的貪愛必造成更大的耗費，
更多的積藏必造成更重的損失。
知其所足，不受侮辱；知其所止，無所危險；如此便能長久存在！

藥方

1. 釐清何者是「須要」，何者是欲望、是貪求？對生命會有基本的幫助！
2. 生命是無價的，用生命去換取其他有價的東西，這是人世間最大的倒反！
3. 有個小洞洞，可能保住了整體；封住了那小洞洞，可能垮掉了全部！留些缺憾，可能是保住美善最好的藥方！
4. 知足的人是富有的，知止的人是有福的，合乎大道就能長久！

文明
文明就是，看了就往前走，在規則底下，體現一種不思考的混沌

老子道德經第四十五章

大成若缺，其用不弊；
大盈若沖，其用不窮；
大直若屈，大巧若拙，大辯若訥，
躁勝寒，靜勝熱，
清靜為天下正。

白話譯文

大道之成，若有所缺，它的作用，永不衰敗！
大道滿盈，若有所虛，它的作用，永不窮歇！
大道平直，像是屈折；大道巧妙，像是愚拙；
大道善辯，像是口訥，
行動可以克服寒冷，安靜可以克服暑熱；
心神清靜方可以君臨天下。

藥方

1. 大道生於有餘，留有餘可以補不足，天地之大，有餘可以容物，可以延年！記得：不要做盡了！
2. 真正會說話的人，話說出口，就要能回得來，這叫「訥」。
3. 清靜是讓混濁的澄明了，讓躁動的安住了；你的心自在了，事物也就找到它們的家！
4. 留些愚拙給自己，一方面讓自己有變聰明的可能，一方面讓別人有聰明的喜悅！

噴水池
夏日的沁涼，濕潤著心臟的形狀

老子道德經第四十六章

天下有道，卻走馬以糞；
天下無道，戎馬生於郊；
禍莫大於不知足，咎莫大於欲得；
故知足之足，常足矣！

白話譯文

天下有道，國泰民安，戰馬退回田野，耕種農作；
天下無道，戰亂不息，懷胎牝馬，只得生於郊野；
最大禍害莫過於不知足，最大罪咎莫過於貪欲掠奪；
由此看來，能迴心向內，體會原本富足，這才是永遠的富足！

藥方

1. 自然大道，原本富足，尋於本源，自在自得；一心向外，求不得，苦，奈何？
2. 檢察心念：念頭！念頭！念要回頭，才有了時！念不回頭，執之成迷！迷而成惑，難解、難解！
3. 欲望會生出力量，但這樣的力量往往會牽引出更大的毀滅性力量！可不慎哉！
4. 知足常樂，樂在知足，這種滿盈的感覺，極為自在而可貴！

寂寞拉環
萬物是相似的，出於無用，而寂寞

老子道德經第四十七章

不出戶，知天下；
不窺牖，見天道；
其出彌遠，其知彌少；
是以聖人不行而知，不見而名，無為而成。

白話譯文

不出門戶，知得天下大道；
不窺窗牖，見得天理自然；
那出離自身愈遠的，對大道的體會也就愈少；
因此，通達自然大道的聖人不往外追求，心中自有體會；
不往外窺探，言說自然明白；不造作執著，活動自然天成。

藥方

1. 認知是指向對象，但判斷總要回到自家心中，這就是「道」。
2. 事物清楚了，還不夠，更重要的是心裡要明白！明白就是踏實！
3. 緊抓著，把事情做好了，那可真很累！放開它，事情自然天成，才是工夫！自然工夫！
4. 不要沒命的努力，要安身立命！讓開！一切自然天成！

溝通
展臂的橋梁

老子道德經第四十八章

為學日益，為道日損，
損之又損，以至於無為；
無為而無不為。
取天下常以無事，
及其有事，不足以取天下。

白話譯文

「為學」旨在日益增進知見，「為道」重在日漸減損執著！減損再減損，減損到無所造作，無所執著的境地；無所造作、無所執著，便能無入不自得，自然而為。順著自然常道，安寧無事，便能得到天下；若是生事擾民，那便無法得到天下。

藥方

1. 渾默之智，無為天成，放得下，提得起，這樣才能做大事！
2. 不要老往外去追逐，要回頭觀照自己；觀照自己，才能歇心！
3. 做個管理者，最重要的是：不生事擾民，但要無事而有事！
4. 不執著、不造作，只是當下活著！這就是生，就是活，活出意義，活出個自然天機！

不自然的我
公車窗外是樹，樹外是天，我們是過度包裝的人

老子道德經第四十九章

聖人無常心，以百姓心為心。

善者吾善之，不善者吾亦善之，德善。

信者吾信之，不信者吾亦信之，德信。

聖人在天下，歙歙焉；為天下渾其心。

百姓皆注其耳目，聖人皆孩之。

白話譯文

聖人不執著一個恆定不變的心，以百姓之心為心。

良善之人我良善待之，不良善之人我亦以良善待之，我只直心行善罷了！

信實之人我信實待之，不信實之人我亦以信實待之，我只直心信實罷了！

聖人居於天下，翕合他的意志，天下渾合，其心自然無為。

百姓都敬畏而專注地聽聞，聖人當成孩兒般的呵護著他們！

藥方

1. 直心行善，入於造化之源，不計較眼前的利害，此是真積德！
2. 大道無私，只要讓開，天理自然彰顯，灑落工夫就此做去！
3. 渾默之智，翕合其心，能止能觀，萬物自在自得！
4. 放棄了權利的自我，心中常有別人，這樣才能有一超越的大我！

巷大王

巷大王，不像大王，像曩曩的員外

老子道德經第五十章

出生入死，生之徒，十有三；死之徒，十有三；人之生，動之死地，亦十有三。夫何故？以其生生之厚。蓋聞善攝生者，陸行不遇兕虎，入軍不被甲兵，兕無所投其角，虎無所措其爪，兵無所容其刃，夫何故？以其無死地！

白話譯文

出而為生，入而為死，生存之途徑，十之有三，
死亡之途徑，亦十之有三；人為了謀生，行動而墮入死地的，也十之有三。
這是何故呢？因為他為了生命謀生太豐厚了！
據聞善於攝養生命的人，在陸地行走不會遇見兕牛老虎，
入軍作戰也不會為甲兵所傷；
兕牛用不上牠的角，老虎用不上牠的爪，士兵用不上他的刀刃，
這是何故呢？只因為這個人不露殺機，沒有致死之地啊！

藥方

1. 生命的特質就是他自己有他的生、他的命，因此不能太奢求，也不能太用心，要渾默些、放得下，往往好過活！
2. 「生命」、「生命」，有「生」，有「命」，「生」是創造，「命」是限制，正視「命」，才有得「生」。
3. 藏其殺機，不如消化殺氣，化得了殺氣，就可以「無死地」，就可以「保生」！
4. 「處所情境」就是「天地」，有天有地，便是道理，便是生命之所寄！

陽光陪跑

陪跑步的老樹，代謝了葉子，灑了陽光給你

老子道德經第五十一章

道生之，德蓄之，物形之，勢成之。是以萬物莫不尊道而貴德。

道之尊，德之貴，夫莫之命而常自然。

故道生之，德蓄之，長之育之，亭之毒之，養之覆之。

生而不有，為而不恃，長而不宰，是謂玄德。

白話譯文

自然大道，創生天地，
內具本性，蓄涵其中，
存在事物，形著其體，
事物相接，造成時勢。
如此說來，存在萬物沒有不尊崇自然大道，而以內具德性為貴的。
自然大道的尊崇，內具德性的蓄涵，不經賦予與命令，就只是自然無為而已！
正因自然大道，創生天地，
內具本性，蓄涵其中，
就如此生長、如此發育，如此結籽，如此成熟，
就如此養育萬物，懷養萬物。
自然大道生育萬物，而不據為己有；
自然大道助成萬物，而不矜恃其功；
自然大道成長萬物，而不主宰控制；
這就叫做玄遠幽妙之德啊！

藥方

1. 存在的事物必有其根源，必有其本性，根源叫「道」，本性叫「德」，如其根源、本性，就叫「道德」。
2. 不要在末端的事勢用工夫，而要在根源的本性上好好生長。
3. 道理、道理，因道成理，事勢、事勢，因事成勢！道理優先，事勢在後！
4. 用認知去定住，用智慧去觀照，用德性去成全，用大道去銷融！

街頭藝術
藝術，人為的偶然被自然定義

老子道德經第五十二章

天下有始，以為天下母。
既得其母，以知其子，
既知其子，復守其母；沒身不殆。
塞其兌，閉其門，終身不勤。
開其兌，濟其事，終身不救。
見小曰明，守柔曰強，
用其光，復歸其明；
無遺身殃，是謂習常。

白話譯文

天下有其本源，並以此本源做為天下的母親。
既已體會得此天地的本源，便可憑藉此來認知萬物。
既已認知萬物，又回來守著那本源；直到老逝都不會有什麼危險！
阻塞那向外追逐的感官，關閉向外執著的認知，終其一身都不會困竭！
打開了向外追逐的感官，促就了外在紛擾的事物，終其一身都難以救治！
見得隱微之幾，才叫智慧；保守柔弱，才是強者；
用得外現的亮光，當得歸復內在的靈明；
才不會遺給自己禍殃，這叫做習於常道，因任自然！

藥方

1. 回到本源，一切就好處理，一切危險都可以度過！
2. 打開感官、開啟執著，心向外奔馳，這世界一時間美麗起來；但很快就得衰頽！
3. 常道是有往有復、有來有去的，一個存在事物能如此出入自得，那也就合乎道了！
4. 亮光照人而熠人，靈明照人而自照，因為自照，所以明白動人！

先來後到

樹挨著房子探個生機，年輪消長卻了無生氣

老子道德經第五十三章

使我介然有知，行於大道，唯施（迤）是畏。

大道甚夷，而民好徑。

朝甚除，田甚蕪，倉甚虛，

服文采，帶利劍，厭飲食，貨財有餘，

是謂盜夸，非道也哉！

白話譯文

要說我有清楚而明白的認知，那是：行走大道，最所擔心的卻是歧出邪路。
大道何等平坦，但人民總喜歡險僻的小徑。
朝廷宮宇，何等華麗；田園郊野，何等荒蕪！糧倉國庫，何等空虛！
身穿文采華服，手帶銳利寶劍，饜足了山珍海味，財貨蓄積有餘，
像這樣叫做強盜頭子，不合乎「大道」的啊！

藥方

1. 不要以為平坦無奇，就沒什麼，要知道「沒什麼」，那才能入於大道之門！
2. 那些有權有力的人，總在歷史的浪頭上，浪生浪死，沒幾個可以成為中流砥柱的！
3. 小草的哲學是：小人物，但生命卻是莊嚴的；大人物可能恰好相反！
4. 大道在平正無奇，不在華麗文采！

屋之蔭，屋之陽
先後而已

老子道德經第五十四章

善建者不拔，善抱者不脫，子孫以祭祀不輟。
修之於身，其德乃真；
修之於家，其德乃餘；
修之於鄉，其德乃長；
修之於邦，其德乃豐；
修之於天下，其德乃普。
故以身觀身，以家觀家，以國觀國，以天下觀天下，
吾何以知天下之然哉，以此！

白話譯文

善於建立功業的人，必立下不拔之基；
善於抱持理想的人，必結成不解之緣，子子孫孫的祭祀永不中輟。
自然大道，用來治理自身，內具德性，日漸真實；
自然大道，用來治理家庭，內具德性，充實有餘；
自然大道，用來治理城鄉，內具德性，日漸長成；
自然大道，用來治理邦國，內具德性，日漸豐盛；
自然大道，用來治理天下，內具德性，日漸普遍；
如此看來，這叫：以身觀身，以家觀家，以國觀國，以天下觀天下；
我何以知道天下是怎麼樣的呢，就用以上所說的大道之觀啊！

藥方

1. 大道之治重在如其所如，觀復其身，讓他自己生長！
2. 「觀」是對比而視，是清靜的觀賞，是如其所如的讓他生長！
3. 能放得開，他才能生長，給他天地，比給他什麼都重要！
4. 不必太關心他，把「關心」轉成「開心」，開開心心的，自在的生長！

第幾站

住在終站，這畫面你司空見慣，朋友不多，你曉得空氣清新就好

老子道德經第五十五章

含德之厚，比於赤子；
毒蟲不螫，猛獸不據，攫鳥不搏；
骨弱筋柔而握固，未知牝牡之合而朘作，精之至也。
終日號而不嗄，和之至也；
知和曰常，知常曰明，
益生曰祥，物壯則老，謂之不道，不道早已！

白話譯文

蓄涵內具德性的豐厚，可好比嬰兒一般；

毒蟲不來螫他，猛獸不來害他，鷙鳥不來傷他；

他的筋骨柔弱，但拳頭卻能握持得緊密，他尚且不知道男女兩性交合之事，卻會天生自然的勃起，這純然是乾元之氣啊！

他終日號哭而不傷嗓子，這是太和之氣所使然啊！

體會得這個太和之氣，就只是常道常理，體會這常道常理，就得智慧明白！

貪求生活享受，必遭禍殃；力求事物壯大，必然老逝；

這叫做不合乎自然大道，不合乎自然大道必會早逝！

藥方

1. 柔性的顛覆比起剛性的鬥爭，有力量多了！他的力量在於真實的生長！
2. 體會自然大道的和氣，和氣是如其所如的喜怒哀樂，並不是無喜怒哀樂！
3. 柔性的堅持，「骨弱筋柔而握固」，因為此中有一大道的生命力在裡面！
4. 和諧，不破裂、不迫切，讓他來、讓他去，他來來去去，就停在那裡了！這叫做「常」態！

建築
選擇稜線，不如一片溫軟天空

老子道德經第五十六章

知者不言，言者不知，
塞其兌，閉其門，
挫其銳，解其紛，
和其光，同其塵。
是謂玄同。
故不可得而親，不可得而疏，
不可得而利，不可得而害，
不可得而貴，不可得而賤，
故為天下貴！

白話譯文

智慧之人，不夸夸而談；
夸夸而談之人，多無智慧。
阻塞了貪取，關閉了執著！
挫掉了銳利，解開了紛雜，
柔和了亮光，和同了塵世，
這就叫做玄妙之同啊！
玄妙之同，故不親亦不疏，
不利亦不害，不貴亦不賤，
能夠因應兩端，處其環中，所以為天下所貴！

藥方

1. 不要把自己放在一線之兩端來思考，而要「得環中，應無窮」！
2. 因「玄」故「妙」，拉成一長遠的辯證歷程，幽深而識其和同，因為和同故知其妙。
3. 打扮的光鮮亮麗，一旦習慣，那你就得花許多時間去維護它；回到樸素之地，它會自然生長！
4. 每天要插一盆漂亮的花，不如長久種一株會生長的花！不要只重生命的表象，要重視生命的本體！

非本能的
永遠都不會習慣模糊，總是試圖對好焦距，最後發現人生是清晰的瞬移

老子道德經第五十七章

以正治國，以奇用兵，以無事取天下；
吾何以知其然哉，以此！
天下多忌諱，而民彌貧；
人多利器，國家滋昏；
人多伎巧，奇物滋起；
法令滋彰，盜賊多有；
故聖人云：我無為而民自化，
我好靜而民自正，
我無事而民自富，
我無欲而民自樸！

白話譯文

用正道來治國，用奇巧來用兵，用無為之事來治理天下；
我何以知道該當如此呢！正因為這樣！
天下顧忌禁令多了，人民也就跟著貧窮窘困；
人民的戰爭利器多了，國家也就跟著愈為昏亂；
人民的技巧機心多了，奇怪邪惡之事滋然而生；
刑罰政令繁瑣複雜，偷盜竊賊卻有增無已！
基於以上的反省，聖人說：我自然無為而人民自得其化，
我喜好寧靜而人民自得其正，
我無事無擾而人民自得其富，
我無所貪求而人民自得渾樸！

藥方

1. 臺灣俗諺說「嚴官府出厚（多）賊」，人為的勠力控制，不如自然無為的調劑！
2. 把理想的堅持掛搭在意識型態的執著上，可能生出很大的力量，但破壞性的力量將極為可怕！
3. 自然無為吧！不用擔心，只要用心、關心，寧靜、無擾、無貪，一切會有進境的！
4. 用其機，不如渾其機；用其心，不如渾其心；渾樸自然，任天無為，就是藥方！

太陽
日光太強的時候，就從樹影看看祂吧

老子道德經第五十八章

其政悶悶，其民淳淳；
其政察察，其民缺缺；
禍兮福之所倚，福兮禍之所伏；
孰知其極，其無正。
正復為奇，善復為妖。
人之迷，其日固久，
是以聖人方而不割，廉而不劌，直而不肆，光而不耀。

白話譯文

當政的人看似悶昧不明，其實自然無為，因而大眾人民富足親睦，民風淳樸。
當政的人看似精明能察，其實苛刻剝削，因而大眾人民疏隔匱乏，民風澆薄。
災禍啊！往往就伴隨在幸福邊；幸福啊！往往也就潛隱著災禍！
這樣的相伴，又何所止呢？那恐怕沒有一所謂的「正道」。
「正道」往往轉成了「奇變」，「良善」則又轉成了「妖異」；
人們迷惑的時日已經很久了，
正因如此，聖人立了規矩，不敢以之殺人；
廉潔自持，不敢以之傷人；
正直自守，不敢以之誇人；
反躬自省，不敢以之耀人。

藥方

1. 一種「看不出來」的生長力量，那是最值得學習的！這叫「默運造化」。
2. 一直擔心禍福的問題，不如真正的回到自身來體會，凡是能回到自身的，就是有福之人！
3. 原則立了之後，便要歇手；歇手才能走出自己的新生命。
4. 要照亮人，但可不要讓別人眼睛都睜不開，什麼都看不到，只是一片漆黑！

總是這樣
從暗處走出去，又在亮處轉彎

老子道德經第五十九章

治人事天莫若嗇，夫唯嗇是謂早服；
早服謂之重積德，重積德則無不克；
無不克則莫知其極，莫知其極可以有國；
有國之母可以長久，是謂深根固柢，長生久視之道。

白話譯文

治理人民，事奉上蒼，莫過於儉嗇之道；
唯有用儉嗇之道才能回到先天大道的本源。
回到先天大道的本源，可以說深厚地累積其德，
既已深厚累積其德，那也就沒什麼事是不能克服的。
既沒什麼事是不能克服的，那也就無法估計其力量。
既無法估計其力量，那就可以擁有國家；
若能擁有國家之本源，這樣就能天長地久。
這就叫做：深扎其根、固實其柢，長遠其生，永久存在的自然大道啊！

藥方

1. 不要那麼慷慨，寧可儉約一點地好，儉約會使得人的生命儉肅而有力量！
2. 長在枝葉的，不必太在乎！你當在乎的是長在泥土裡，看不見的部分！
3. 有個「道」在，一切好辦，「道」是要長養的，不是把捉得到的！
4. 給出一片天地，就能生長！給別人天地，就是給自己天地！

樹的城市
在無垠的天空，與弧面的地表之間，樹，自成一面地圖

老子道德經第六十章

治大國，若烹小鮮；
以道蒞天下，其鬼不神；
非其鬼不神，其神不傷人；
非其神不傷人，聖人亦不傷人；
夫兩不相傷，故德交歸焉！

白話譯文

治理大國就好像烹煎小魚一樣，不可輕易去攪動它！

以自然大道蒞臨天下，就連鬼怪的作祟都不靈驗了；

非但鬼怪不靈驗，而是它所顯現出來的神氣不傷人；

非但它所顯現出來的神氣不傷人，就連統治者亦不會去逼害人；

鬼怪以及統治者兩者都不來傷害人，因此人內在的本性就得以陰陽和合歸為一體了！

藥方

1. 不要老考慮「勢」如何？要考慮的是「道理」，順道理就能生長！
2. 自然大道的恩慈是：使得那會傷你的也不傷你了；自然大道的狠戾是：使那原來不會傷你的，竟然回過頭來傷你！
3. 有了泥土才能生長，大道所強調的只是這麼一點點！
4. 不要用「掃黑」的方式，會愈掃愈黑，應當用「照亮」的方式！

新葉

新枝嫩葉，從暗處裡來

老子道德經第六十一章

大國者下流，天下之交，天下之牝。
牝常以靜勝牡，以靜為下。
故大國以下小國，則取小國。
小國以下大國，則取大國。
故或下以取，或下而取。
大國不過欲兼畜人
小國不過欲入事人。
夫兩者各得其所欲，大者宜為下。

白話譯文

大國應居於眾流之下，天下眾流才能匯集於此，天下萬物才能安息於母懷！

母親常安靜的關懷卻勝過了父親的躁動的責斥，因為安靜才能謙下的去關懷這個世界！

正因如此，大的國家應謙下的去關懷小的國家，這樣就贏得了小國的信服！

小國應謙下的去禮讓大國，這樣就贏得了大國的信任！

因此，不論是謙下以取得信服，還是謙下以取得信任。

大國不過想要領導諸小國，而小國不過想要能恰當的入事大國而已！

這兩者都能各得他們所要的，就此而已，大國更應該謙下的去體貼小國的心聲！

藥方

1. 站在上方的，就要給人；處在下方的，才能得到別人的恩賜！這是一個極為簡單的道理！
2. 最好的領導者，不是站在上方指揮，而是處在下方觀看，並且要懂得回到本源來觀看！
3. 不必打破身段，因為根本就沒有身段，有的只是讓自家生命恰當的、好好的活著！
4. 離去不必要的高傲，正視真正的卑下；卑下才能坤德載物！

非樹
樹，或是從根長了影子的樹

老子道德經第六十二章

道者，萬物之奧。

善人之寶，不善人之所保。

美言可以市尊，美行可以加人。

人之不善，何棄之有。

故立天子，置三公，雖有拱璧，以先駟馬，不如坐進此道。

古之所以貴此道者，何也。

不曰：求以得，有罪以免邪，故為天下貴。

白話譯文

自然大道是萬物所歸趨的奧秘之所。

善人懂得去寶愛它，而不善之人則因為有它，所以方得和合保育。

合於至道的美言可以得到別人的尊崇，合於至道的美行可以提高人的形象。

即使人會做出不善之事，但自然大道怎又忍心拋棄它呢？

因此要是你立為天子，並置設了三公，即使是擁有了兩手相拱的璧玉，並且乘坐駟馬所駕的華車，這都不如進入到這自然大道之中，好得安歇！

古先聖人之所以特別尊崇自然大道，這又為什麼呢？

難道不是說：只要真心探求，必有所得，即使獲了罪，也可得大道之保育而豁免，正因如此，自然大道是天下人所尊崇的。

藥方

1. 自然大道是萬物所歸趨的奧秘之所，它以包容為德！
2. 世間紅塵，且讓它囂嚷一下，也就沉寂了！沉寂了，就好。
3. 靠著外在的華美、光鮮，是不實際的；要由內在樸實的生長起來！
4. 大道無形，去掉了「形」，進到了「無」，這樣才能入乎「道」，最後是要無所不在的「大」，這是一個不休止的歷程。

倒映
看著遠遠地，低頭是城市裡唯一的數位語言

老子道德經第六十三章

為無為，事無事，味無味。
大小多少，報怨以德。
圖難於其易，圖大於其細。
天下難事，必作於易。
天下大事，必作於細。
是以聖人終不為大，故能成其大。
夫輕諾必寡信，多易必多難；
是以聖人猶難之，故終無難矣！

白話譯文

無所造作，自然無為，而勇於有為；不生事擾民，自然無為，而勇於任事；不嗜厚味，自然無為，而仔細品味！

大事看小，多事看少；面對怨懟，要有大道包容之德。

要去做難事，就從易處做起；要去做大事，就從細處做起。

天下難事一定得從易處著手；天下大事一定得從細處下手。

因此，聖人始終不敢自稱為大，正因如此，所以才能成就其大。

輕易應諾的人一定少了些信用，把事情看得太容易了，一定會遭到更多的困難。

因此，即使是聖人對任何輕易的事也謹慎而莊嚴的像是難事去面對它，所以到頭來，天下事也就都不困難了！

藥方

1. 有一個做事原則要記得：先其易者，後其節目；容易的通過了，難的也變簡單了。
2. 要鄭重其事，但不要焦慮；要放下，但不要忘了；要緩緩地處理！
3. 不要再計畫了，開始吧！有了第一步，一切就好端端地來了！
4. 可以慢些，但不能停歇；要綿綿若存的努力！

計程車
在同一個狹小空間呼吸，萬千過客城市飄蕩伏流

老子道德經第六十四章

其安易持，其未兆易謀。
其脆易泮，其微易散。
為之於未有，治之於未亂。
合抱之木，生於毫末。
九層之臺，起於累土。
千里之行，始於足下。
為者敗之，執者失之。
是以聖人無為故無敗，無執故無失。
民之從事，常於幾成而敗之。

慎終如始，則無敗事。
是以聖人欲不欲，不貴難得之貨；
學不學，復眾人之所過，以輔萬物之自然而不敢為。

白話譯文

安定才容易維持，還沒有徵兆才容易謀策。
脆弱容易被分化，微弱就容易消除。
在還沒發生前就要去做，在還沒亂以前就要整治。
就像兩人合抱的大木，是從毫末般萌芽長成的；
九層樓的高臺是一畚箕一畚箕堆壘起來的；
千里的旅程是從足下一步一步走出來的。
太造作有為，往往會失敗；執著不放，反而會失去了機會。
因此之故，聖人自然無為，因而不會失敗，沒有執著不放，因而不會失去先機。
一般人做什麼事常常是快要完成了，反而失敗了！
民之從事，常於幾成而敗之。
能夠好像原初的努力一樣，謹慎的去完成一件事，那就不會有什麼失敗的事了！
因此，聖人不貪求他所想要的，不寶愛世俗人所以為的難得之貨；
聖人之所學不是一般世俗百姓所追求學習的，對於眾人過頭追求的有一深刻的反省作用，用這樣的方式來輔助天下萬物，務使其自然，所以他是不敢執著造作！

藥方

1. 要懂得見微知著，或者見縫插針，不要讓它勢態擴大了！
2. 不是去弄心機，而是回到「大道之源」，你自會有一番機趣，並因之而玩味一下「道之幾」也，進一步體會歷史之勢！
3. 天下不是打來的，而是人們送給你的，不送給你，奈何？要人家送給你，那就要懂得謙虛些！
4. 快成功了，就是最危險的時候；要懂得「保合太和」，要懂得好自努力，慎終如始！

外面是亮的

悲傷，常常是沒有原因的。任何你想找藉口的逃躲，還是你想怪罪的牽怒，你還是悲傷了。

老子道德經第六十五章

古之善為道者，非以明民，將以愚之。
民之難治，以其智多，
故以智治國，國之賊！
不以智治國，國之福。
知此兩者，亦稽式；
常知稽式，是謂玄德。
玄德深矣遠矣！與物反矣，然後乃至大順。

白話譯文

古來聖人善於依著自然大道來治理國家，他並不喚醒人們的利害智巧，而是要人民守著純樸愚厚。

人民之所以難治，正因為人們的利害巧智多了，

因此，用利害巧智來治國，這便戕害了國家！

不用利害巧智來治國，這才是國家之福！

知道以上這兩個道理，那也就真切了解到治國的準則了；

能夠恆久體會這準則，這就叫玄遠幽深之德。

玄德是何等的幽深而深遠啊！

它和一般世俗的事物是截然相反的，如此才能自然無為，大順而成。

藥方

1. 天下國家不是用計較心去做成的，而是用一番真心做成的！
2. 要守愚，純樸自然，看似笨笨，其實才能生長！
3. 追求世俗，太辛苦了，何妨守著原先的純樸氣質，雖然粗粗的，卻有力量！
4. 最「玄」的事是：好像沒有，其實是有，生命的奧秘就在這裡！

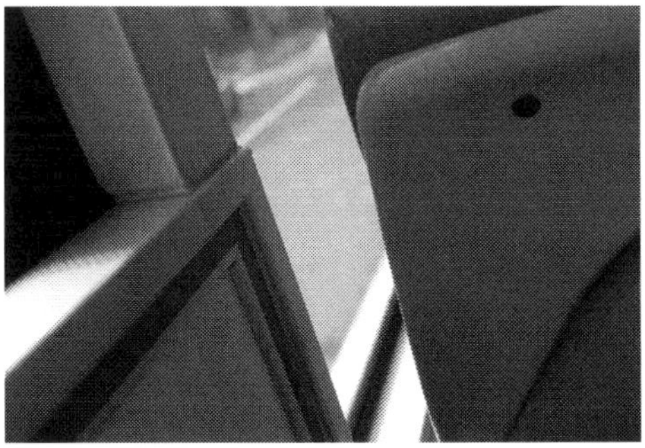

狹隙
往夾縫裡鑽，牛角尖頂著狹隘而過曝的真相

老子道德經第六十六章

江海所以能為百谷王者，以其善下之，故能為百谷王。
是以聖人欲上民必以言下之，欲先民必以身後之。
是以聖人處上而民不重，處前而民不害。
是以天下樂推而不厭，
以其不爭，故天下莫能與之爭。

白話譯文

汪洋江海之所以能成為百川眾谷之王，因為它善處卑下，故能成為百川眾谷之王。

因此，統治天下的聖人想要居於人民之上，必得以謙卑的言語來取得人民的信賴；想要人民站出來，那麼聖人必得把自己退到後面去！

因此，聖人處在上面而人民不覺得有沉重的壓力，站在前頭領導而人民不覺得有妨害！

這樣一來，天下人都樂意推戴他，而不會厭棄他；

這是因為聖人不與人相爭，因而天下人沒有人能與他相爭！

藥方

1. 如果你已經是一個領導者了，那你就儘可能的謙卑吧！如果你將要成為領導者，那你要學習謙卑！
2. 落入競爭的機制，哪有爭得過的道理；只有不落入競爭的機制，才能爭得過人！
3. 等在下頭，別人會給你；站到上頭，那你就得給人；好好選擇吧！
4. 卑下得別人都不覺得你是一號可競爭的人物，但你卻是唯一最能競爭的人物，這局勢如何，不問可知！

離開
你轉身離開，跟蹤城市的風景，總是凝視另一個眼盲

老子道德經第六十七章

天下皆謂我道大似不肖。
夫唯大故不肖，若肖久矣，其細也夫。
我有三寶，持而保之，一曰慈、二曰儉、三曰不敢為天下先。
慈故能勇，儉故能廣，不敢為天下先，故能成器長。
今舍慈且勇，舍儉且廣，舍後且先，死矣！
夫慈以戰則勝，以守則固，天將救之，以慈衛之。

白話譯文

天下人都告訴我「道」太大了，什麼都不像，正因為道太大了，所以什麼都不像，要是它像什麼，那早就銷損殆盡了！

我有三條寶貴的原則，一直持守而珍惜著它，一是慈愛、二是儉樸、三是不敢自傲，居天下之先。

因為慈愛所以勇敢，因為儉樸所以寬廣，因為不敢自傲居天下之先，所以能成就大器。

要是，你捨棄了慈愛卻好勇，捨棄了儉樸卻只浪費，捨棄了謙讓卻只爭先，這麼一來，你就死定了。

要是能夠慈愛，那一旦戰爭才能得勝，守護起來也才堅固；上蒼救人是用祂的慈愛之心來衛護他的。

藥方

1. 滿懷「愛」的人，無所怖慄、無所憂懼，因此是最為勇敢的！
2. 「儉嗇之道」可以令人回到自家生命之源來，不外放、不衰歇！
3. 不用急，在後頭，只要有生長的力量，後頭總會跑到前頭來的。
4. 戰爭是不得已的，只有「愛」才能化解戰爭！

公車
轉過城市的彎，匆忙地搭載了想家的心

老子道德經第六十八章

善為士者不武，
善戰者不怒，
善勝敵者不與，
善用人者為之下，
是謂不爭之德，
是謂用人之力，
是謂配天，古之極也。

白話譯文

善於做勇士的人不誇奢自己的武力，
善於帶兵打仗的人不輕易被激怒，
善於戰勝敵人的人不和敵人硬拚，
善於用人的人能謙卑的聆聽屬下的心聲，
這就是不與人爭的美德，這就用了人的真切力量，
這就配合了大自然，是古來最高的原則。

藥方

1. 「對治」很辛苦，要懂得轉圜，留了餘地，才可能轉圜。
2. 「生氣」是下下策，要懂得不生氣，才可能鼓足勇氣，克服困境！
3. 什麼事都自己做，那鐵定會累死；做領導的人，是去領導人做事，不是讓事把自己做死了！
4. 大自然的啟示是：讓該活動的活動，自己還給它個自己！

名牌

今天而已，明天，或是剛才，只是在車廂上受到城市懸浮微粒污染的，健忘

老子道德經第六十九章

用兵有言曰：吾不敢為主，而為客；
吾不敢進寸而退尺，
是謂行無行，攘無臂，執無兵，扔無敵。
禍莫大於輕敵，輕敵幾喪吾寶；
故抗兵相加，哀者勝矣！

白話譯文

古來用兵有個訓言說：我不敢主動挑戰，而只是被動應戰；

我不敢逞強前進一寸，我寧可後退一尺，

這就是要行動而無行動相，出手而又無出手相，執握武器而無武器相，往前進攻而無敵人相。

戰爭禍害莫大於輕敵，一旦輕敵將會喪失了我們最可貴的東西；

因此，兩軍對峙打仗，哀憫天下蒼生者必能勝利！

藥方

1. 凡屬於「生」者，就主動參與；凡屬於「死」者，就被動些吧！
2. 有了最深沉的悲憫與關懷，一切著相的戰爭，都會過去的；而且一定會成功！
3. 老在意會贏與否，那就很難說；用了氣力、智謀，一切由它去吧！放開往往是最大的力量！
4. 有餘地可退就退，不用急得反擊，長成力量時，它就衰頹了！悲憫些吧！

裡裡外外
柵欄的裡面是建設，柵欄的外面是破壞

老子道德經第七十章

吾言甚易知，甚易行。
天下莫能知，莫能行。
言有宗，事有君。
夫唯無知，是以不我知。
知我者希，則我者貴；
是以聖人被褐懷玉。

白話譯文

我的話很容易明白，很容易實行；

但天下人竟然沒人能明白，沒人能實行。

說話有宗旨，做事有主宰。

那些人對大道毫無體認，因此無法明白我所說所做。

能明白我所說的，那可真是難能；能學習我所做的，那可真是可貴；

因此，聖人外面雖披著樸素的布衣，但內裡卻懷著珍貴的寶玉。

藥方

1. 真人是被褐懷玉，俗人卻是被玉而懷褐；名牌是為俗人妝點的，真人只是個素樸而已！
2. 話不用多，意思到了，就要停！事不用繁，可以成了，就罷手！
3. 有了共識好說話、好做事；共識雖難，但要用心培養！
4. 最可貴的東西通常是要珍藏起來的，不必現！

路標
以前人類在天空下找不到路，迷失是現代人的詞

老子道德經第七十一章

知不知，上；不知知，病。

夫唯病病，是以不病；

聖人不病，以其病病，是以不病。

白話譯文

能體會得大道之難知，這是上焉者；
對大道無所體會而又強以為知，這是病痛。
唯有對這樣之病痛有所對治，這樣才能免於病痛。
聖人之所以不患此病痛，就是因為他能對治這病痛，因而能不患此病痛！

藥方

1. 對於自己所知的要知清楚，對於所不知的則常存敬意！
2. 事物之總體本源是難以了知的，但卻可以以生命相遇！
3. 去除心知執著，讓自家生命回到本源，好自生長！
4. 識得病痛，當可免得病痛，這是「認不是」的工夫！

天橋
數著路口的窗，到浪漫汽車河流的右岸

老子道德經第七十二章

民不畏威，則大威至。
無狹其所居，無厭其所生。
夫唯不厭，是以不厭，
是以聖人自知不自見，
自愛不自貴，故去彼取此。

白話譯文

人民不畏懼統治者的威勢，那麼人民所發出的更大威力勢將來臨！

不要挾迫人民的居處，不要壓迫人民的生長；

唯有居上位者不鎮壓，因此居下位的人民才不會厭棄他。

正因這樣，聖人反躬自省了解自己，而不會限於己見，誇耀自己，

懂得寶愛內在真實的自己，而不為外在的榮華富貴所迷惑；

正因如此，聖人捨棄了後者，而寧取前者。

藥方

1. 居下位的力量是微弱的，但卻也是巨大的，官逼民反，天地覆滅，可不慎哉！
2. 人民的力量要懂得去欣賞它、裁成它，千萬不要壓制它！
3. 「統治者」是去「統」那些「治者」，而不是統統你自己來治理！
4. 「自知」是一切認識的起點，先明白自己吧！

行道樹
走進樹海，誤會自己是城市摩西

老子道德經第七十三章

勇於敢則殺，勇於不敢則活。

此兩者或利或害。

天之所惡，孰知其故？

是以聖人猶難之。

天之道不爭而善勝，不言而善應，不召而自來，

繟然而善謀，天網恢恢，疏而不失。

白話譯文

勇於表現兇狠果敢的人，勢將帶來殺身之禍；
勇於表現不兇狠不果敢的人，才能存活起來。
這兩者有利有害。
自然大道就是厭惡勇於果敢的人，這又有誰知道它的原因呢？
因此即使是聖人還是很難了解這道理。
自然大道不競爭而善於取勝，不說話而善於感應，
不召喚而自動到來，胸懷寬廣而善於謀畫，
上天所布下的天網雖是寬廣的，稀稀疏疏，卻絲毫沒有漏失！

藥方

1. 有人激你說「你敢嗎？」那就厚著臉皮告訴他，「我真的不敢！」
2. 世間事有一自然的奧秘在，真的是疏而不漏，且寬寬心吧！
3. 用命令的，不如用說的；用說的，不如用感應的！
4. 「奧秘」不是讓你去認知的，而是讓你去體會的！

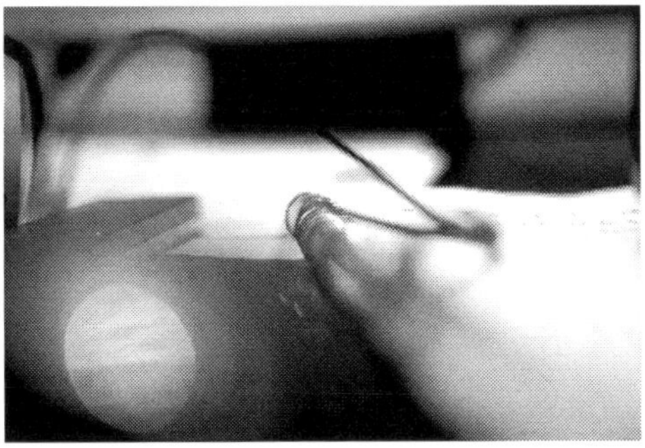

失焦
貼近閱讀，也是盲目

老子道德經第七十四章

民不畏死，奈何以死懼之。
若使民常畏死，而為奇者。
吾得執而殺之，孰敢！
常有司殺者殺。
夫代司殺者殺，是謂代大匠斲。
夫代大匠斲者，希有不傷其手矣！

白話譯文

人民不畏懼死亡，奈何以死亡來威脅人民呢？
要是人民通常會畏懼死亡，而那些胡作非為的，
我就可以拘捕起來殺掉他們，這樣又有誰敢為非作歹呢？
自然的經常之道一直有專門管理殺人任務的人去殺人。
那代替這專門管理殺人任務的人去殺人，這叫代替自然大匠去砍木頭。
那代替自然大匠去砍木頭的人，很少有說不傷害到自己的手的啊！

藥方

1. 死亡的恐懼是一切恐懼根源，人民連死亡都不恐懼了，這世界就要變了！
2. 若要去撻伐一個人，那就慢些吧！因為有一大自然的奧秘會展開祂懲罰的手段的！
3. 能不動手，就不動手；因為自然大道有其好生之德。
4. 讓「畏懼」轉成「敬畏」，再轉而成為「敬意」，這豈不善哉！

黑茫茫
如果你是墨鏡，便毫不在意這白茫茫的世界

老子道德經第七十五章

民之飢，以其上食稅之多，是以飢。

民之難治，以其上之有為，是以難治。

民之輕死，以其求生之厚，是以輕死。

夫唯無以生為者，是賢於貴生。

白話譯文

人民之所以飢餓，乃因為居上位的統治者縱欲玩樂收稅過多所致，因此人民受了飢餓之苦。

人民之所以難以治理，乃因為居上位的統治者太過於有為造作，因此人民難以治理。

人民之所以不懼死亡（輕忽死亡），乃因為居上位的人縱欲玩樂，逼得人民鋌而走險，因此人民才會輕忽死亡。

那一些不把自己生命當生命來看待的人，比起那些縱欲玩樂，老以為自己生命是最重要的人可要賢德得多！

藥方

1. 「強將手下無弱兵」，這樣的「強」不是強力之強，而是能自勝者強，能夠退到後頭去的「強」。
2. 「有為造作」所可能的成績仍然是有限的，「無為自然」才能好自生長！
3. 當屬下已不把他們的生命當生命來愛護時，這團體早該散伙了！
4. 「尊重」是一切領導者所要學習的最重要良方！

走過去
你照望著我過來，我瞭望你離開

老子道德經第七十六章

人之生也柔弱，其死也堅強。
萬物草木之生也柔脆，其死也枯槁。
故堅強者死之徒，柔弱者生之徒。
是以兵強則不勝，木強則兵，強大處下，柔弱處上。

白話譯文

人活著時身體是柔軟的，而死亡後身體反而是堅硬的。

草木萬物活著時也是柔軟的，而死亡後卻是枯槁僵硬的。

由此看來，堅持己見，個性剛強的人往往屬於「死亡之徒」，柔和溫潤的人才是「生存之徒」。

因此，依賴強大軍力，逞強好戰，這難以取勝；

樹木高大強壯則必遭砍伐，強大者反而居於下風劣勢，柔弱者卻可以處在上風優勢。

數位

從鍵盤開始，程式與思考只是以數字區別的同義詞

藥方

1. 不要以為弱勢人家會瞧不起，其實，正因為人家看不在眼裡，反而是生長的好契機。
2. 生命的原則是看內裡的，不是看外表的；是看生長的，不是看既有的。
3. 真正的強者是柔弱之人，是「骨弱筋柔而握固」，像嬰兒一般！
4. 死板板的，有什麼好；活生生的才好！

臺北
擁有一片逐漸擺脫電桿的天空

老子道德經第七十七章

天之道，其猶張弓與！
高者抑之，下者舉之，有餘者損之，不足者補之。
天之道，損有餘而補不足。
人之道則不然，損不足以奉有餘。
孰能有餘以奉天下？唯有道者。
是以聖人為而不恃，功成而不處，其不欲見賢。

白話譯文

自然之道就好像人們張開弓弦對準目標一樣！目標居高，弓弦下抑；目標在下，弓弦上舉；弦拉過頭了就放鬆一點，弦拉得還不夠就再拉緊一點。

自然之道就是這樣，減損有餘的來彌補不足的。人世之道卻往往不是這樣，它竟是減損不足的來奉獻給那有餘的。誰能夠真讓那有餘的拿來奉獻給天下呢！這只有那有道者才做得到。

正因如此，聖人他能努力實踐而不恃恩求報，成就了事功而不居執其功，他不願意誇耀自己的賢德。

藥方

1. 自然有一調節性的原理，因此「損有餘以補不足」，但人世間往往「西瓜偎大邊」，損不足以奉有餘。
2. 「依道不依勢，依理不依力」，這原則很簡易，不要自己弄混淆了！
3. 放大空間，心胸自然寬廣；放長時間，目光自然久遠！大時間、大空間，自有大格局！
4. 跳脫開目前的限制，超越出來，你真會有意想不到的喜悅！

未來

一個前途未明的都市，一個偉人為名的路口

老子道德經第七十八章

天下莫柔弱於水，
而攻堅強者莫之能勝，其無以易之。
弱之勝強，柔之勝剛，
天下莫不知、莫能行。
是以聖人云：受國之垢，是謂社稷主；
受國不祥，是為天下王。
正言若反。

白話譯文

天下間的東西沒有比起水還來得柔弱的，

但要攻擊堅硬的東西，卻沒有比起水還能勝任的，

任何東西都無法取代水啊！

軟弱能勝過強硬，溫柔能勝過剛強；

這道理天下人沒有不了解的，卻沒有人能好好去實踐它。

正因如此，古先聖人說：能為國家大事而蒙受污垢的人，這就叫國家社稷之主；

能為國家大事而擔負禍患的人，這才足以做為天下之王。

以上所說乃是雅正之言，但看似相反爾！

藥方

1. 話怎麼說都不重要，事怎麼開展的，這才是重點，請注重「坤」（具體性）原則。
2. 語言的最大限制與弔詭就是它具有兩面性，解開這兩面性，直入本源，你才能真明白事理。
3. 柔性的顛覆與瓦解勢將帶來真正的生長，不必太強調剛性的建構！
4. 「正言若反」，但不一定「反言若正」，正正反反，要息心止慮，想一想！

那天
我們難以稱呼名諱，只是見著你，
就看不到城市色彩

老子道德經第七十九章

和大怨，必有餘怨，安可以為善；
是以聖人執左契而不責於人。
有德司契，無德司徹，天道無親，常與善人。

白話譯文

調解了大怨，之後，一定有餘怨，這怎可以說是完善的結局呢！

因此聖人執拿著債券，卻不向人逼求。

有德的人手拿債券亦無所逼求，無德的人手拿著租稅章例向人逼索稅租；

自然大道是無所偏私的，祂永遠幫助那有德的善人。

藥方

1. 與其事後還要調節，無寧就不要發生，這要有一點歷史發展的智慧！
2. 還它個本來面目，讓出一片天地，這世界就會變得很美好，不是嗎！
3. 站到裡面去，會很擠；站出去，一切不就都好了嗎？另立新的生長可能！
4. 什麼是「德」，就是讓他覺得有「得」，若老讓人覺得失去了什麼，這德就不叫德。

暖陽樹
陽光灑落長廊，人們駝著臂膀

老子道德經第八十章

小國寡民，使有什伯之器而不用，
使民重死而不遠徙，
雖有舟輿，無所乘之；
雖有甲兵，無所陳之；
使人復結繩而用之，
甘其食、美其服、安其居、樂其俗，
鄰國相望，雞犬之聲相聞，民至老死不相往來。

白話譯文

小小的國度，很少的人民，讓那些超過十人、百人這樣有才華的人物也用不著，讓人民愛惜生命而不願意遠徙外地，即使有舟船車輛，也用不著乘坐；即使有盔甲兵器，也用不著陳列；讓人民回復到遠古結繩紀事的時代，品嚐甘甜的食物，穿著豐美的衣服，居住安適的處所，悅樂文雅的風俗，接鄰的國度，彼此相望，雞啼狗叫的聲音，彼此相應感通，人民直到老死也不必急著往來。

藥方

1. 有了真情相感相應，那就不必用言語急得去溝通，只是雞犬之聲相聞，已是悅樂一懷了！
2. 爾分我界的觀念是人類文明的象徵，這是文明，同時也是「文蔽」！
3. 生命的可生長性原則是優先於一切的，不要在世俗的事上打轉，把自己都轉糊塗了！
4. 雞犬之聲無意義而有意韻、有意味，人們的語言看似有意義，但可能既無意韻，也無意味！

慾望的小時代

新穎與陰陋只好並陳

老子道德經第八十一章

信言不美，美言不信；
善者不辯，辯者不善；
知者不博，博者不知；
聖人不積，既以為人己愈有，既以與人己愈多。
天之道，利而不害；
聖人之道，為而不爭。

白話譯文

真實的話不華美，華美的話不真實；
良善的人不巧辯，巧辯的人不良善；
真懂的人不炫博，炫博的人不真懂；
聖人不積蓄，他深切體認：盡力助人，反而更富有；盡力給予別人，反而更充足。
上蒼的自然之道，利益萬物而無害於萬物。
人間的聖人之道，服務大眾而不與大眾相爭！

藥方

1. 話要聽真的，不要聽漂亮的；人要交善良的，不要找會說話的；懂了就懂了，不必找那麼多啦啦隊！
2. 利他就能利己，這原則是一共利的生長性原則！
3. 退到後頭去，讓該上場的上來，舞一番新姿，便會有新的氣象！
4. 說了就算了，沒說也不必再說，反正說了還是白說，一切默然可也！

書本的作者
一個你心裡的倒映

文化生活叢書・藝文采風 1306007

老子道德經新譯暨心靈藥方

作　　者　林安梧
責任編輯　游依玲
特約校稿　林秋芬

發 行 人　林慶彰
總 經 理　梁錦興
總 編 輯　張晏瑞
編 輯 所　萬卷樓圖書股份有限公司
臺北市羅斯福路二段 41 號 6 樓之 3
電話 (02)23216565
傳真 (02)23218698

發　　行　萬卷樓圖書股份有限公司
臺北市羅斯福路二段 41 號 6 樓之 3
電話 (02)23216565
傳真 (02)23218698
電郵 SERVICE@WANJUAN.COM.TW
香港經銷　香港聯合書刊物流有限公司
電話 (852)21502100
傳真 (852)23560735

ISBN 978-957-739-856-7
2022 年 2 月初版八刷
2014 年 8 月初版一刷
定價：新臺幣 360 元

如何購買本書：
1. 劃撥購書，請透過以下郵政劃撥帳號：
帳號：15624015
戶名：萬卷樓圖書股份有限公司
2. 轉帳購書，請透過以下帳戶
合作金庫銀行 古亭分行
戶名：萬卷樓圖書股份有限公司
帳號：0877717092596
3. 網路購書，請透過萬卷樓網站
網址 WWW.WANJUAN.COM.TW
大量購書，請直接聯繫我們，將有專人為您服務。客服：(02)23216565 分機 610

如有缺頁、破損或裝訂錯誤，請寄回更換

國家圖書館出版品預行編目資料

老子道德經新譯暨心靈藥方 / 林安梧著.
-- 初版. -- 臺北市 : 萬卷樓, 2014.08
面；　公分
ISBN 978-957-739-856-7(平裝)
1.道德經 2.注釋
121.311　　103002212